크리에이터를 위한
**뉴스레터 발행의 모든 것**

뉴스레터의 시작부터 구독자 급상승, 수익 발생까지!

# 크리에이터를 위한
# 뉴스레터 발행의 모든 것

김태헌 지음

비전코리아

# 차례

# 나의 이야기를 세상과 공유하고 싶은 모든 독자에게

세계적으로 '크리에이터 이코노미'가 부상하고 있습니다. 미국에서는 서브스택(Substack)이라는 뉴스레터 플랫폼에서 크리에이터들이 연간 수십억 원의 구독 수익을 올리기도 하죠. 이른바 '뉴스레터 붐'은 몇 년 전부터 미국에서 한국으로 확산됐습니다. 우리나라에서도 뉴스레터가 큰 인기를 끌고 있죠.

하지만 뉴스레터를 어떻게 기획하고 성장시킬지 가이드는 부족한 상황입니다. 《크리에이터를 위한 뉴스레터 발행의 모든 것》은 이러한 빈자리를 메우고자 탄생한 기획입니다. 뉴스레터라는 매체를 처음 활용하고자 하는 개인이나 기업부터, 뉴스레터를 통해 미디어를 구축하고자 하는 이들까지 쉽게 참조할 수 있는 일종의 〈뉴스레터 사용설명서〉이죠.

이 책에는 뉴스레터의 타깃 설정부터 내용 구성, 홍보까지, 필자가 실제 뉴스레터를 통해 미디어를 운영해온 모든 경험을 녹여 생생한 가이드를 담았습니다. 지금부터 독자 여러분이 《크리에이터를 위한 뉴스레터 발행의 모든 것》을 만난 것을 계기로 '크리에이터 이코노미'에 한 발 더 가까워지길 응원하는 마음도 함께 담습니다.

# Part 1

# 뉴스레터 발행 전 단계의 모든 것

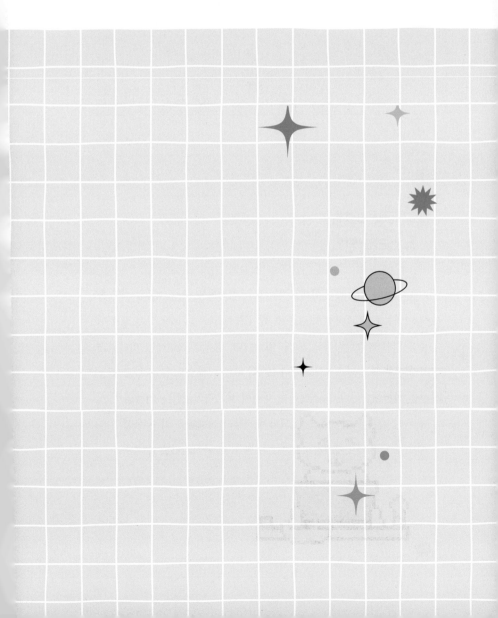

## 구독형 매체,
## 뉴스레터란?

뉴스레터는 이메일 형태로 받아보는 콘텐츠를 부르는 말입니다. 혹시 이메일로 광고 팸플릿 같은 걸 받아본 적 있으신가요? 그런 광고 팸플릿 역시 뉴스레터라고 볼 수 있습니다. 실제로 예전에는 이메일을 하나의 광고 수단으로 보고 '뉴스레터'라는 이름으로 많은 광고 팸플릿을 발송했습니다. 뉴스레터는 미디어 매체라기보다 기업들의 마케팅 채널 같은 느낌이었죠. 그래서 예전부터 이메일을 자주 쓰신 분들에게 뉴스레터는 '이메일로 날아오는 광고'로 인식되기도 합니다.

〈데일리 바이트〉의 구독 홈페이지

하지만 요즘 들어 뉴스레터에 대한 인식이 많이 바뀌었습니다. 뉴스레터를 통해 광고가 아니라 내게 진짜 필요한 정보와 재미있는 콘텐츠를 보내주는 서비스가 많아졌기 때문인데요. 뉴스레터는 시대를 거쳐 광고 팸플릿에서, 젊은 세대가 많이 보는 정보성 콘텐츠, 잡지 같은 매체로 변화해 왔습니다.

### 뉴스레터 '구독'이 의미하는 것

뉴스레터를 이메일로 받아보려면 독자가 스스로 이름과 이메일을 입력하고 구독을 해야 합니다. 구독을 하지 않으면 뉴스레터 콘텐츠를 받아볼 수 없습니다. 바야흐로 콘텐츠 홍수 시대인데, 구독을 하지 않으면 어디서도 콘텐츠를 볼 수 없다는 점은 뉴스레터가 가진 큰 단점으로 보이기도 합니다.

페이스북과 유튜브를 생각해 볼까요? 스크롤을 내리며 페이스북 게시글을 보다 보면 구독하지 않았는데도 보이는 여러 광고나 추천 게시물이 있습니다. 유튜브는 한술 더 떠 내가 구독하지 않은 채널의 영상을 훨씬 더 많이 보여줍니다.

이에 비해 뉴스레터는 번거롭게도 독자가 구독을 해야 이메일함에서 뉴스레터를 받아볼 수 있습니다. 하지만 이 번거로움은 뉴스레터의 단점보다는 장점에 가까운데요. 구독이 번거로운 대신, 뉴스레터는 페이스북이나 유튜브의 콘텐츠보다 훨씬 더 무겁게 소비됩니다. 페이스북과 유튜브의 콘텐츠가 1초도 안 되어 쓱 스크롤되어 넘어간다면, 뉴스레터 콘텐츠는 이메일을 열고 독자의 몇 분을 얻어내죠. 구독이 번거로움에도 뉴스레터를 구독했다는 것은 곧 독자의 선택을 받았다는 뜻입니다. 게다가 구독으로 이어진 독자와 뉴스레터의 관계는 1초만에 소비되는 유튜브와 페이스북의 콘텐츠보다 훨씬 끈끈하고, 오래 유지되죠.

# 뉴스레터가 차지하는 이메일 공간

### 이메일 공간이 가지는 의미

원래 이메일은 단순히 여러 소식을 전달받는 공간입니다. 하지만 뉴스레터를 열심히 구독하는 구독자들에게 이메일 공간은 더 많은 의미가 있는데요. 이들에게 이메일은 유용한 정보를 수집하고 정리해 두는 공간이기도 합니다. 구독 중인 여러 뉴스레터들이 매일 이메일함에 차곡차곡 쌓이고, 이를 읽으며 정보와 지식을 습득하고 뉴스레터들을 잘 분류하고 정리해 두는 거죠. 어렸을 때 신문을 읽고 재미있었던 기사, 도움이 되는 기사들을 공책에 잘 오려 붙여 스크랩했던 것처럼, 이메일함으로 뉴스레터들을 받아보며 똑같이 스크랩을 할 수 있는 겁니다.

실제로 뉴스레터라는 매체에 애정을 갖고 열심히 보는 구독자 중에는 뉴스레터만 받아 보는 이메일 계정이 있는 분들이 상당히 많습니다. 이런 열혈 구독자들은 메일함도 뉴스레터별로 정리해 두기도 하죠. 뉴스레터 구독자들에게 이메일 공간은 정보와 지식을 수집하고 정리하는 공간이며, 뉴스레터에게는 단순히 도달해야 하는 공간을 넘어 독자들에게 유의미하게 소비될 수 있는 공간입니다.

## 이메일이 뉴스레터의 단점?

반대로 이메일 공간이 뉴스레터에게 단점이 되기도 합니다. 이메일 함을 매일 꾸준히 열어보는 사람은 그렇게 많지 않습니다. 기껏 뉴스 레터를 구독했음에도 이메일함에 잘 들어가지 않는다면 구독해둔 뉴스레터는 점점 잊히게 되죠. 가끔 이메일함을 확인해도 잡다한 메일들이 많이 와 있는 상태라면 뉴스레터는 눈에 잘 들어오지 않고, 역시 잊히게 됩니다. 매일 들어가기 번거롭고 다른 메일들도 많이 쌓여 있는 이메일함은 이렇게 뉴스레터에게 독이 되기도 합니다.

요즘 이메일 서비스에서 스팸메일을 너무 잘 걸러내는 것 역시 단점이 될 수 있는데요. 구독한 뉴스레터가 스팸메일로 분류되어 자동으로 스팸메일함에 들어간다면? 구독자 입장에서는 분명 어제 구독을 해뒀는데 메일함을 뒤져도 뉴스레터를 찾아볼 수 없게 되겠죠. 운 좋게 스팸메일함을 확인한다면 뉴스레터를 찾을 수 있겠지만, 무심하게 스팸메일을 지나친다면 뉴스레터는 한 명의 구독자를 잃게 되는 셈입니다.

이메일 공간의 또 다른 한계점은 웹사이트나 앱에 있는 기능이 이메일에는 없다는 점입니다. 같은 내용의 글을 페이스북이나 블로그에 올리면 댓글, '좋아요' 등으로 다른 사람들과 소통할 수 있습니다. 하지만 뉴스레터는 이메일로 발송되기 때문에 댓글을 달거나 다른 사람들과 소통할 수 없죠. 이 외에도 구독자가 이메일을 몇 분 동안 읽는지 알 방법도 없고, '좋아요'나 '싫어요' 같은 반응을 확인할 수도 없습니다.

# MZ세대의 선택을 받은 뉴스레터

## 뉴스레터 붐이 일어나다

2018년에서 2019년은 뉴스레터 붐이 일기 시작한 시기입니다. 광고성 콘텐츠가 넘쳐나고 약간은 올드해 보이던 뉴스레터라는 매체에 젊은 바람이 불어온 것이죠. 특히나 젊은 MZ세대를 중심으로 뉴스레터의 인기가 폭발했고, 단기간에 몇만 명의 구독자를 모으는 뉴스레터가 등장하기도 했습니다. 이 시기를 기점으로 뉴스레터는 올드한 매체에서 젊은 매체로, 변신에 성공했죠.

### MZ세대의 선택을 받은 뉴스레터, <모닝브루>

<모닝브루>는 해외에서 굉장히 유명한 뉴스레터 중 하나입니다. 매일 아침 따끈따끈한 비즈니스·경제 뉴스를 보내주는 <모닝브루>는 대학생 2명이 만든 뉴스레터로 기성 언론사의 길고 따분한 뉴스와 달리 쉽고 빠르게 뉴스를 전달합니다. MZ세대는 뉴스를 쉽게 전달해 주는 <모닝브루>의 매력에 흠뻑 빠졌고, 구독자는 엄청난 속도로 늘어났습니다. 대학생 2명으로 시작한 뉴스레터는 2020년 800억 원이 넘는 금액에 '비즈니스 인사이더'라는 회사에 인수되었죠.

350만 명의 선택을 받은 미국의 비즈니스 뉴스레터 〈모닝브루〉

### MZ세대만? 세상은 넓고 뉴스레터는 많다!

뉴스레터는 MZ세대가 세상에 대해 알아가고, 필요한 지식과 정보를 전달받는 하나의 축으로 자리 잡았습니다. 그러나 MZ세대 안에서도 너무나 많은 유형의 사람이 존재하고, MZ세대 말고도 뉴스레터라는 매체에 매력을 느끼는 사람들이 많습니다. 다행히 세상에는 다양한 취향과 관심사를 가진 사람들만큼이나 다양한 종류의 뉴스레터가 존재합니다.

필자가 발행하고 있는 비즈니스·경제 뉴스레터 〈데일리 바이트〉처럼 뉴스 콘텐츠를 다루는 뉴스레터도 있고, 마케팅이라는 특정 직무에 대해 자세히 소개하는 아이보스의 〈큐레터〉도 있습니다. 또한 1인 크리에이터가 발행하는 뉴스레터의 대표 주자라고 할 수 있는 〈일간 이슬아〉와 전국의 빵과 빵집을 소개해 주는 〈빵슐랭 가이드〉도 있죠.

빵집 큐레이팅 뉴스레터 〈빵슐랭 가이드〉

이쯤 되면 뉴스레터가 없는 카테고리를 찾는 게 더 빠르지 않을까 싶기도 합니다.

이제 뉴스레터는 단순히 MZ세대만의 매체가 아닙니다. 세대를 불문하고 뉴스레터를 좋아하는 사람들이 빠르게 늘어났죠. 국내 최대의 뉴스레터 발행 플랫폼 〈스티비〉에 따르면 2021년 뉴스레터를 구독 중인 사람 수를 다 합치면 2,000만 명이 넘는다고 하죠. 이렇게 다양하고 많은 구독자만큼이나 다양한 콘텐츠를 담은 뉴스레터가 존재합니다. 독자는 관심 있는 분야의 뉴스레터를 골라 보고, 또 각 뉴스레터가 가진 감성을 소비하며 만족을 느낍니다. 뉴스레터는 이렇게나 매력적인 매체입니다.

## 뉴스레터도
## 레퍼런스가 중요하다!

　홈페이지나 앱을 만들어야 한다면, 가장 먼저 무엇을 하면 좋을까요? 많은 분들이 내가 만들려는 홈페이지나 앱과 비슷해서 참고가 될 만한 레퍼런스를 찾아보실 것 같습니다. 뉴스레터도 마찬가지입니다. 많은 사람이 구독하고 있거나 특징이 뚜렷한 뉴스레터를 보고 그들의 장점을 잘 찾아보면 여러분만의 뉴스레터를 만드는 데 좋은 자양분이 됩니다.

이번 챕터에서는 각 카테고리별로 인기 있거나 뚜렷한 특색을 가진 뉴스레터 8개를 소개하려 합니다. 지면의 한계로 더 많은 뉴스레터를 소개하지 못하는 점이 아쉬운데요. 꼭 자신이 만들려는 것과 유사한 뉴스레터를 충분히 찾아보고 장점을 스펀지처럼 흡수하길 바랍니다.

# 세상 돌아가는 건 말아야지! 시사 뉴스레터

### 뉴스레터 1대장 <뉴닉(NewNeek)>

〈뉴닉〉은 국내에서 가장 많은 구독자(약 50만 명, 2022년 상반기 기준)를 보유한 시사 뉴스레터입니다. '우리가 시간이 없지, 세상이 안 궁금하냐'는 슬로건을 내세우며 세상에 존재하는 무수히 많은 뉴스 중에서 핵심만 골라 쉽게 다루고 있습니다.

〈뉴닉〉의 큰 강점 중 하나는 바로 '고슴이'라는 귀여운 캐릭터와 특유의 말투입니다. 〈뉴닉〉은 MZ세대를 주요 구독자로 설정한 뉴스레터인 만큼, MZ세대 특유의 감성에 딱 맞는 귀여운 고슴도치 캐릭터 '고슴이'를 마스코트로 삼았습니다. 고슴이가 어려운 시사 뉴스를 쉽게 해설해 주는 콘셉트에 맞게 뉴스레터가 '~했슴'으로 끝나는 고슴체로 구성되어 있죠. 〈뉴닉〉은 딱딱하고 재미없지만 세상이 어떻게 돌아가는지 알려면 읽어야 하는 뉴스를 쉽고 재미있게 만들었습니다.

〈뉴닉〉에서 배울 수 있는 점은 브랜딩입니다. 단순한 뉴스에 캐릭터와 특유의 말투가 더해져 많은 구독자에게 '특이하다', '재미있다'는 인상을 주며 단단히 각인되었죠. 여러분이 만들고자 하는 뉴스레터 역시 독자들에게 더욱 가까이 다가갈 수 있는 비장의 무기를 하나 갖고 있으면 좋겠죠?

### 쉽지만 깊이 있는 <데일리 바이트(DAILY BYTE)>

다음으로 소개할 <데일리 바이트>는 필자가 운영하고 있는 뉴스레터이기도 합니다. 2035 MZ세대의 필수 교양이 된 비즈니스와 경제를 쉽지만 깊이 있게 해설해 주는 뉴스레터입니다. <데일리 바이트>는 대부분의 뉴스레터가 친근한 해요체를 구사하는 것과 달리 조금 더 격식 있는 말투로 뉴스를 전달합니다. 친근함보다는 세련되고 똑똑한 이미지로, 독자에게 정말 제대로 된 비즈니스 · 경제 뉴스를 전달하겠다는 의도가 담겨 있죠.

<데일리 바이트>는 단순히 뉴스를 전달하는 것이 아니라, 뉴스레터를 읽고 무언가 배워갈 수 있었으면 좋겠다는 생각으로 콘텐츠를 만들고 있습니다. 따라서 개념을 최대한 쉽게 전달하기 위해 쉬운 언어를 사용하고, 기사 아래에는 '에디터의 한마디'를 통해 어떤 것을 생각해 봐야 하는지, 기사에는 나와 있지 않지만 생각해 볼 만한 포인트는 무엇인지 짚어주고 있죠.

<데일리 바이트>는 어떤 차별화된 콘텐츠를 만들 수 있을지 계속

〈데일리바이트〉

고민하고 있습니다. 국내에는 약 2,200여 개의 뉴스레터가 발행되고 있는데요. 여러분도 뉴스레터를 만들면서 콘텐츠를 어떻게 차별화할 수 있을지 끊임없이 고민해야 합니다.

### 힙한 시사 뉴스레터 <미스터동>

〈미스터동〉은 '어디 가서 아는 척할 수 있는, 배운 변태를 위한' 시사 뉴스레터입니다. 슬로건부터 굉장히 특이한데요. 어떤 구독자가 시사 뉴스레터를 읽는지 많이 고민했다는 것이 느껴집니다. 특이한 슬로건은 많은 시사 뉴스레터 사이에서 고민하고 있을 예비 구독자에게 '어, 여기 뭐지?' 하는 호기심과 함께 한 번 더 관심을 갖게 하는 기능을 하기도 합니다.

〈미스터동〉에는 일반적인 뉴스레터와 다른 특이한 기능이 몇 개 더

〈미스터동〉

있습니다. 먼저, 〈미스터동〉을 구독하려면 실명과 직업, 나이를 필수로 입력해야 합니다. 구독자에게 더욱 집중하여 그들에게 유용한 소식을 전달하기 위해 필요한 구독자 정보를 받는 것입니다. 또한 〈미스터동〉은 지난 뉴스레터를 공개하지 않는데요. 현재 구독자만 〈미스터동〉의 콘텐츠를 보고 어디 가서 아는 척을 할 수 있도록, 구독할 유인을 더욱 강하게 만들기 위함이라고 합니다.

## 돈이 되는 정보가 담긴
## 재테크 뉴스레터

### 구독자와 함께 호흡하는 <어피티>

〈어피티〉는 사람을 위한 돈 이야기를 콘텐츠로 다루는 〈머니레터〉

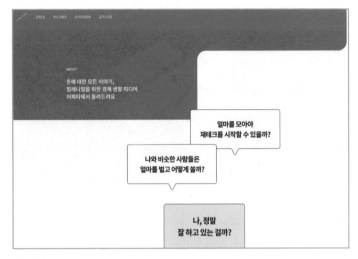

〈어피티〉

라는 뉴스레터를 운영하고 있습니다. 〈어피티〉의 〈머니레터〉에는 사회초년생을 위한 각종 재테크 꿀팁이 많이 담겨 있는데요. 매일매일의 주가 지수부터 핵심 경제 뉴스, 다른 독자들의 재테크 생활 등을 볼 수 있습니다.

〈어피티〉의 콘텐츠 중에서도 '머니로그'가 단연 눈길을 끕니다. 머니로그는 〈어피티〉 독자들이 어떻게 돈을 벌고 쓰는지, 재테크는 어떻게 하며 어떤 고민을 하고 있는지를 담아낸 인터뷰 콘텐츠입니다. 유명한 사람이 아닌 독자들의 이야기를 담아내면서 〈어피티〉는 독자들을 하나로 묶을 수 있었습니다. 나와 비슷하면서도 다른 사람들의 돈

이야기는 그 어디서도 볼 수 없는 〈어피티〉만의 콘텐츠가 되어 다른 재테크 뉴스레터와의 차별점이 되었습니다.

뉴스레터를 시작하게 되면 구독자와 함께 호흡할 수 있는 방법에 대해 고민해야 합니다. 〈어피티〉의 구독자 인터뷰처럼 구독자들을 무엇인가에 참여시키는 일은 쉽지 않습니다. 하지만 구독자 참여를 제대로 이끌어내면 뉴스레터는 그만큼 힘을 가지게 되죠.

**해외 비즈니스를 다루는 〈커피팟〉**
'쉽고 재미있는 해외 비즈니스 뉴스레터'라는 소개글에서 보듯 구독자의 일과 삶에 도움을 줄 수 있는 해외 비즈니스 뉴스를 전문으로 다루는 뉴스레터입니다. 실제로 회사에서 일을 하다 보면 해외 매체에서 좋은 정보를 얻는 경우가 많은데, 이를 매번 찾아보기란 너무나 번거로운 일이죠. 유익한 해외 콘텐츠를 정리해서 구독자에게 공유하면 도움이 될 것이라는 생각으로 〈커피팟〉이라는 뉴스레터가 탄생했습니다.

〈커피팟〉은 뉴스레터를 커피 한 잔에 비유했는데요. 〈커피팟〉은 무료 뉴스레터 외에도 더 깊이 있는 정보를 담은 유료 뉴스레터를 운영 중입니다. 그리고 유료 뉴스레터를 구독을 '샷 추가'에 비유했죠. 깊이 있고 어려운 해외 비즈니스를 다루지만, 커피 한 잔이라는 이미지로 가볍고 리프레시 되는 느낌을 줍니다.

### 부동산 뉴스레터의 대표 주자 <부딩>

부동산은 빼놓을 수 없는 재테크 방법 중 하나입니다. 그러나 많은 사회초년생에게 부동산은 다소 멀게 느껴지고, 공부를 해보려고 해도 쉽지 않은 재테크 방법입니다. 부딩은 이렇게 부동산을 어렵게 생각하는 사람들을 초딩, 중딩, 고딩 다음의 '부딩(부동산+딩)'으로 지칭합니다.

부동산 지식을 전달해 주는 뉴스레터 〈부딩〉은 〈뉴닉〉과 마찬가지로 귀여운 캐릭터를 보유하고 있는데요. 〈뉴닉〉처럼 캐릭터가 부동산을 설명해 주는 형식은 아니지만, 용어도 개념도 어렵고 딱딱한 부동산 뉴스를 귀여운 다람쥐 캐릭터가 녹여주는 느낌입니다.

〈부딩〉

〈부딩〉 뉴스레터를 만든 대표는 과거 자신이 '부알못'(부동산을 잘 알지 못하는 사람)이어서 겪었던 어려움을 다른 MZ세대는 겪지 않기를 바라는 마음으로 〈부딩〉을 만들었다고 합니다. 아직 무슨 뉴스레터를 만들어야 할지 잘 모르겠다면 지금 내가 겪고 있는 어려움은 무엇인지, 내가 관심이 있고 잘하는 것은 무엇인지 먼저 곰곰이 생각하는 시간을 가져봅시다.

## 우리의 일상도 뉴스레터가 될 수 있다

### 취향 큐레이션 뉴스레터 〈까탈로그〉

'사는(Live) 재미가 없으면 사는(Buy) 재미라도!'라는 슬로건을 내세운 디에디트가 신제품과 트렌드 뉴스를 전하는 뉴스레터입니다. 디에디트는 유튜브나 페이스북, 인스타그램 등 여러 채널에서 각종 신제품과 소비 트렌드를 전달해 주는 매체인데요, 이들이 만든 뉴스레터가 〈까탈로그〉입니다.

〈까탈로그〉의 예전 홈페이지와 뉴스레터 본문을 보면 큼직큼직한 픽셀 형태의 디자인이 눈에 띕니다. 특히 슈퍼마리오 게임과 비슷한 홈페이지 디자인이 이목을 끌죠. 〈까탈로그〉는 이름에서 느껴지는 B급 감성, 키치한 감성을 살리고 싶어 이를 디자인에도 녹여냈다고 설명합니다.

〈까탈로그〉새로운 로고

최근 까탈로그는 로고 리뉴얼을 진행해 곧 선보일 예정이라는데요. 기존의 B급 감성, 키치함은 유지하면서도 트렌드, 라이프, 테크, 푸드 등 세상의 모든 재미있는 소식을 전하는 창이 되었으면 좋겠다는 바람을 담았다고 합니다. 메신저 창에서 재미있는 소식을 전하는 수다스러운 친구 같은 느낌이랄까요? 까탈로그만의 통통 튀는 감성이 돋보입니다.

〈까탈로그〉의 사례에서 디자인 역시 뉴스레터의 브랜딩에 굉장히 중요하다는 점을 배울 수 있습니다. 〈까탈로그〉가 의도한 친근하면서도 부담스럽지 않고 재미있게 볼 수 있는 콘텐츠를 담는 그릇으로 B급 감성의 키치함이 잘 느껴지도록 만든 디자인은 굉장히 좋은 선택이었죠. 여러분도 자신의 뉴스레터가 담을 콘텐츠를 고려하여 뉴스레터를 어떻게 디자인할지 고민해 보세요.

## MZ세대의 트렌드를 담은 뉴스레터 <캐릿>

MZ세대가 누구인지 궁금해하는 2540 마케팅 담당자를 위해 대학내일이 만든 뉴스레터입니다. 대학내일 산하의 20대 연구기관인 '대학내일20대연구소'와 함께 MZ세대를 타깃으로 한 마케팅 사례나 설문조사 등을 통해 취합한 인사이트를 제공하는데요. 'Z세대 신입 사원이 바라는 것', '요즘 학교 풍경은?', '이 주의 떡상템' 등 MZ세대를 제대로 이해하는 데 도움이 되는 다양한 콘텐츠를 볼 수 있습니다.

<캐릿>이라는 이름은 당근(carrot)과 발(feet)을 합쳐 만들어졌습니다. 그래서 발이 달린 당근 캐릭터가 뉴스레터에 등장하죠. 하지만 <캐릿>의 진짜 무기는 콘텐츠에서 느껴지는 트렌디함입니다. 대학생을 타깃으로 한 콘텐츠를 지속적으로 만들어온 대학내일이 보유한 방대한 데이터와 노하우가 MZ세대와 트렌드를 제대로 해설해 주는 콘텐츠로 이어졌습니다.

결국 독자에게 오래오래 사랑받는 뉴스레터의 비결은 콘텐츠에 있습니다. 재미있고 유용한 콘텐츠를 꾸준히 제공한다면 독자들의 사랑은 자연스럽게 따라오기 마련입니다. 뉴스레터를 만들기 전, 어떤 콘텐

〈캐릿〉

츠를 담고 싶은지 깊이 있는 고민이 필요한 이유입니다.

　가벼운 마음으로 뉴스레터 발행을 시작해 보는 것도 좋지만, 내가 정말 좋아하는 분야에 대해 진심을 가득 담아 만든 콘텐츠로 뉴스레터를 발행한다면 독자들에게도 진심이 가닿을 것입니다.

## 무슨 주제로
## 뉴스레터를 쓸 건가요?

　뉴스레터를 만들어보겠다고 결정했다면, 이제 뉴스레터에 어떤 이야기를 담아낼지 고민을 시작해야 합니다. 뉴스레터에서는 어떤 이야기를 해도 좋습니다. 제가 운영하는 뉴스레터 〈데일리 바이트〉에서는 비즈니스·경제 뉴스를 쉽게 풀어서 설명하는데요. 이 외에도 좋아하는 음악 이야기를 하거나, 가상자산 투자에 대한 사회적 관심을 반영하여 투자 노하우를 공유하는 등 분야를 가리지 않고 다양한 뉴스레터가 생겨나고 있습니다.

아직 어떤 이야기를 할지 망설여진다면 뉴스레터를 통해 진짜 하고 싶은 이야기가 무엇인지 깊이 고민해 보기 바랍니다. 내가 좋아하는 것, 내가 잘하는 것 등을 생각하다 보면 어떤 이야기를 하고 싶은지 찾을 수 있습니다.

무슨 이야기를 할지 결정한 다음에는 내가 정한 이 분야, 이 카테고리에서 충분한 이야깃거리가 나오는지 한번 생각해 봐야 합니다. 예를 들어 커피를 주제로 뉴스레터를 만든다고 가정해 봅시다. 세상에 존재하는 너무나도 다양한 원두 종류를 소개할 수도 있고, 전국 각지의 특이한 카페를 소개할 수도 있습니다. 조금만 생각해 봐도 커피라는 주제로 다룰 수 있는 소재가 무궁무진함을 알 수 있습니다.

뉴스레터의 주제가 너무 좁거나, 소재가 잘 나오지 않는다면 어떨까요? 뉴스레터 발행 초반에는 할 얘기가 있지만, 곧 소재가 고갈될 겁니다. 그러면 뉴스레터를 꾸준히 발행하기 힘들겠죠. 따라서 하려고 하는 이야기에 소재가 다양한지, 꾸준히 뉴스레터를 발행할 수 있을지 미리 잘 생각해 두는 것도 중요합니다.

# 독자는 얼마나
# 존재할까?

**전체 독자 규모 추정해 보기**

뉴스레터의 인기를 가늠하기 위해서는 내 뉴스레터를 볼 전체 독자
층에 대해 한번 생각해 보는 것이 좋습니다. 전체 독자층은 다양한 방
식으로 정의해 볼 수 있는데요. 앞선 예시처럼 커피에 대한 뉴스레터
를 쓴다고 하면, 내 뉴스레터에 관심을 보일 만한 예비 독자는 '커피를
마시는 대한민국 국민 전체'가 되겠죠? 필자가 운영하는 뉴스레터 〈데
일리 바이트〉는 전체 독자층을 비즈니스·경제 뉴스의 필요성을 느끼
는 MZ세대로 잡았습니다. 어떤 세대, 어떤 특징을 가진 사람들이 내
뉴스레터를 좋아하고 구독할지 미리 생각해 보면, 잠재 구독자가 얼마
나 많고 그래서 구독자를 얼마나 쉽게 모을 수 있을지 어느 정도 감을
잡을 수 있습니다.

**덕후의 존재를 파악하자**

내 뉴스레터에 관심을 가질 만한 예상 구독자 전체를 가정했다면,
이제는 내 뉴스레터에 관심을 보이는 수준을 넘어 진짜 팬이 될 수 있
는, 소위 '덕후'가 존재하는지 파악해 보는 것이 좋습니다. 하루에 커피
를 3잔 이상 마시고, 다양한 원두 종류를 맛보는 걸 인생의 낙으로 여
기는 '커피 덕후'는 분명 초기부터 커피 뉴스레터를 구독하겠죠? 이런
'덕후' 구독자는 뉴스레터 초기 독자가 되어 뉴스레터를 발행하는 우

리에게 큰 힘이 되어줍니다.

진심으로 내 뉴스레터를 좋아하는 구독자는 내 뉴스레터를 자발적으로 홍보해 주기도 합니다. 커피를 좋아하는 '덕후' 구독자는 '커피를 좋아하는 사람들의 모임' 같은 카카오톡 오픈채팅방이나 네이버 카페 등에 소속되어 있을 확률이 높습니다. 이들이 진심으로 사랑하는 콘텐츠를 만드는 뉴스레터라면, 관련 커뮤니티에서 입소문을 타고 초기에 빠르게 성장할 수 있습니다.

### 예비 독자들은 어디 모여 있을까?

뉴스레터 발행 초기에는 구독자를 확보하기 어렵습니다. 입소문을 타기 이전에는 '세상 사람들, 이런 뉴스레터가 있는데 한번 구경해 보실래요?' 하고 여기저기 뉴스레터를 알리는 홍보 활동이 필수적인데요. 그러나 막무가내 홍보는 그다지 좋은 방법이 아닙니다.

지금까지 내 뉴스레터를 어떤 사람들이 볼지 고민했다면, 이제 내 뉴스레터를 구독할 예비 독자가 어디에 많이 모여 있을지 생각해야 합니다. 예를 들어 주식 투자와 관련된 뉴스레터를 만든다면 예비 구독자는 주식 투자를 열심히 하는 사람들일 것이고, 이들은 보통 주식 커뮤니티에 모여 있습니다. 그럼 주식 투자 뉴스레터를 알릴 때 주식 커뮤니티 위주로 홍보하면 빠르게 많은 구독자를 모을 수 있겠죠?

다만, 내 뉴스레터를 구독할 만한 사람들이 모여 있는 공간을 너무

소극적으로 생각할 필요는 없습니다. 주식 투자 뉴스레터를 발행하면서 40~50대 주식 고수들이 모여 있는 커뮤니티를 찾았는데 '여기 있는 주식 고수들은 내 뉴스레터에 담길 내용을 이미 다 알고 있을 테니 구독을 안 하겠지'라고 생각할 필요가 없다는 뜻입니다. 주식 고수들이 놓친 정보가 없는지 불안한 마음에, 혹시나 자신이 못 보고 지나친 정보가 있을까 싶어 주식 투자 뉴스레터를 구독할 수도 있겠죠? 예비 독자들이 모여 있는 곳은 어디든 좋은 홍보 창구가 될 수 있습니다.

필자가 운영하는 〈데일리 바이트〉도 초창기에 비슷한 일을 겪은 적이 있는데요. 〈블라인드〉라는 직장인 커뮤니티에, 회사 생활을 갓 시작한 사회초년생들이 쉽게 비즈니스·경제 뉴스를 읽을 수 있도록 〈데일리 바이트〉를 추천하는 글이 올라간 적이 있습니다. 그런데 그 글이 올라가고 며칠 후 사회초년생 구독자보다 시니어 정도 되는 직장인 구독자가 크게 늘어났습니다. 시니어 정도 되는 직장인에게도 쉽고 빠르게 핵심 뉴스들을 보고 싶다는 니즈가 있었던 것이죠. 의도치 않게 직장인 커뮤니티에 〈데일리 바이트〉가 소개된 덕분에, 생각했던 예비 구독자 외에도 뉴스레터에 관심을 보이는 다른 사람들이 존재할 수 있음을 깨닫는 기회가 되었습니다.

# 어떤 콘텐츠를
# 만들 수 있을까?

## 주제에 대해 다룰 수 있는 콘텐츠 생각하기

지금까지 뉴스레터의 주제를 정하고, 독자에 대한 가정을 만들었습니다. 이제는 진짜 뉴스레터를 발행하기 위해, 구체적으로 어떤 콘텐츠를 만들 수 있을지 고민할 시점입니다. 예를 들어, 메타버스를 주제로 한 뉴스레터를 만든다고 가정해 볼게요. 그러면 메타버스와 관련된 뉴스를 매주 모아줄 수도 있고, 메타버스 서비스들을 하나하나 리뷰할 수도 있고, 직접 만들고 있는 메타버스 프로젝트의 진행 상황을 공유하는 콘텐츠를 만들 수도 있습니다.

조금 더 세부적으로 들어가 볼까요? 메타버스와 관련된 뉴스를 모아주는 콘텐츠를 만들기로 했다면 뉴스 5개를 요약할지, 뉴스 2개를 깊이 있게 분석할지 결정해야 합니다. 그리고 매주 어떤 뉴스를 고를지, 뉴스를 고르는 기준 같은 것도 생각해야 하죠. 내가 정한 뉴스레터의 주제에 맞는 콘텐츠를 만들 때는 이렇게 세세한 기획이 필요한데요. 자세한 콘텐츠 기획방법은 이 책의 Part 2에서 다루겠습니다. 지금 단계에서는 내가 정한 주제에 대해 어떤 콘텐츠를 다룰지 확실한 그림을 그리면 됩니다.

### 내 콘텐츠, 핵심이 뭘까?

어떤 콘텐츠를 만들지 결정했다면, 다음 단계로 넘어가기 전에 내 콘텐츠의 핵심이 무엇인지 생각해 봐야 합니다. 역시 필자가 운영하는 〈데일리 바이트〉를 예시로 들어보겠습니다. 〈데일리 바이트〉라는 뉴스레터를 만들기 전, 카카오톡 오픈채팅방을 이용해 그날의 주요 비즈니스·경제 뉴스를 요약하는 서비스를 운영했습니다. 그런데 카카오톡으로 뉴스를 요약하다 보니 핵심 내용만 담아도 말풍선 하나가 꽉 차고, 이미지 같은 자료를 넣을 수 없어 가독성도 많이 떨어지는 것 같았습니다.

특히나 비즈니스·경제 뉴스에서는 사건의 맥락과 어려운 내용을 쉽게 해설하는 것이 중요한데 카카오톡에서는 불가능할 것 같았죠. 그래서 조금 더 길고 자세하게 뉴스를 해설하는 콘텐츠를 만들고자 뉴스레터를 발행하기로 결심했고, 〈데일리 바이트〉를 만들게 되었습니다. 〈데일리 바이트〉가 담아내는 뉴스 콘텐츠의 핵심은 쉬우면서도, 종합적으로 사건을 설명해 주는 자세함입니다. 왜 이 콘텐츠를 카카오톡 같은 다른 매체가 아닌 뉴스레터로 다루어야 하는지, 그 이유를 설명할 수 있다면 여러분은 이미 핵심을 찾은 것이나 다름없습니다.

# 왜
# 뉴스레터여야 할까?

## 뉴스레터의 장점을 이해하자

뉴스레터를 발행하면서 누릴 수 있는 장점들을 미리 알고 잘 활용하면 좋겠죠? 그래서 이번 챕터에서는 뉴스레터의 장점을 몇 가지 소개하려 합니다.

첫째, 뉴스레터는 독자들의 능동적인 선택을 받은 매체입니다. 이 장점을 잘 활용하려면 뉴스레터를 구독한 적극적이고 능동적인 독자들과 함께할 수 있는 콘텐츠를 만드는 것이 좋습니다. 뉴스레터를 구독한 독자라면 뉴스레터에 자연스럽게 팬심이 생기고, 각종 활동에 참여할 가능성 역시 블로그나 SNS 등 다른 매체보다 높습니다. 사회초년생을 위한 재테크 뉴스레터 〈어피티〉처럼 독자를 인터뷰한 콘텐츠를 만드는 등 독자들과 함께 호흡하는 콘텐츠를 만들면 굉장히 활기찬 뉴스레터가 됩니다.

둘째, 독자 입장에서 뉴스레터를 일대일 소통이라고 느낄 수 있습니다. 블로그나 SNS의 콘텐츠를 보며 인플루언서와 나의 일대일 소통이라고 생각한 적은 아마 거의 없을 겁니다. 블로그나 SNS의 콘텐츠는 댓글이나 '좋아요' 기능이 있어 다른 사람도 이 콘텐츠를 보고 있음을 직접적으로 느낄 수 있기 때문이죠. 하지만 뉴스레터는 나 말고도 다른 구독자가 있다는 것은 알지만, 이를 직접적으로 느낄 일은 거의 없습니다. 모든 뉴스레터가 내 개인 공간인 이메일함에 들어오고, 아무도 '좋아요'나 댓글을 달지 않기 때문이죠. 이런 프라이빗한 뉴스레터의 특징을 살린 콘텐츠를 기획한다면 구독자로부터 좋은 호응을 이끌어낼 수 있을 겁니다.

**마지막으로, 꼭 뉴스레터여야 할까?**

뉴스레터 발행을 실행으로 옮기기 전, 최종적으로 '진짜 꼭 뉴스레터여야 할까?'에 대한 마지막 고민이 필요합니다. 뉴스레터 말고, 내가 다루는 주제와 콘텐츠에 더 적합한 매체는 없는지 다시 한번 고민이 필요하다는 뜻인데요. 단적으로 단순히 일상을 공유하는 콘텐츠라면 뉴스레터보다는 인스타그램이나 블로그가 더 적합하겠죠?

내가 다루는 주제와, 만들고자 하는 콘텐츠가 뉴스레터라는 매체에서 더 빛날 수 있는지, 그리고 기왕 뉴스레터를 만들기로 결정했으니 인기 있는 뉴스레터가 될 수 있을지 최종적으로 고민해 보도록 합니다.

고민을 마쳤다면, 다음 장에서 뉴스레터를 발행하기 위한 첫 단계를 시작해 보겠습니다.

## 가장 대중적인 플랫폼
## 〈스티비〉

우리나라에서 가장 대중적이고 대표적인 뉴스레터 제작 플랫폼은
〈스티비(Stibee)〉입니다. 〈스티비〉를 가장 대중적이라고 소개한 이유
는 이 플랫폼을 이용해서 뉴스레터를 발행하는 창작자가 많기도 하고
(2021년 기준 〈스티비〉에서는 약 2,200개의 뉴스레터가 발행되고 있습니
다), 유명한 뉴스레터들 대부분이 〈스티비〉를 이용해서 제작되었기 때
문입니다. 자연스럽게 〈스티비〉를 통해 제작된 뉴스레터를 받아 보는
구독자도 정말 많은데요. 2021년 기준으로 〈스티비〉를 이용해 만들어

진 뉴스레터를 구독하는 이메일 계정은 2천만 개가 넘는다고 합니다. 이 정도면 우리나라 대표 뉴스레터 제작 플랫폼으로 소개해도 될 것 같습니다.

〈스티비〉의 가장 큰 장점은 뉴스레터의 디자인을 창작자가 직접 커스텀 할 수 있다는 것입니다. 아래 이미지는 〈스티비〉에서 뉴스레터를 쓸 때 선택할 수 있는 다양한 디자인 템플릿인데요. 기존에 만들어진 포맷들을 다양하게 활용할 수 있습니다.

〈스티비〉의 템플릿 선택 화면

또한 〈스티비〉에서 뉴스레터를 만들 때는 텍스트, 이미지, 버튼, 박스 등 다양한 디자인 요소를 원하는 위치에 배치할 수 있습니다. 이를 통해 창작자의 입맛에 맞게 직접 뉴스레터 디자인을 하나하나 만들 수 있습니다. 코딩에 자신이 있다면, 직접 html 코드를 작성해 이곳에서 제공하는 디자인 툴을 뛰어넘는 디자인을 할 수도 있죠.

다양한 디자인이 가능하기 때문에 뉴스레터의 브랜딩을 독자에게 전달하기가 굉장히 쉽습니다. 필자도 〈스티비〉를 이용해서 〈데일리 바이트〉 뉴스레터를 발행하고 있는데요. 여러 뉴스레터 제작 플랫폼 중 〈스티비〉를 선택한 이유는 자유롭게 디자인할 수 있어 브랜드 이미지를 만들 수 있기 때문입니다.

〈스티비〉에서 제공하는 다양한 디자인 요소

〈스티비〉는 2022년부터 뉴스레터 유료 구독 서비스 제작을 지원하고 있습니다. 대부분의 뉴스레터는 무료로 구독할 수 있지만, 최근 점점 더 많은 뉴스레터가 고퀄리티 콘텐츠를 유료로 제공하여 창작자의 수익화에 힘쓰고 있는데요. 〈스티비〉에서도 이런 트렌드를 놓치지 않고 유료 구독 서비스 제작 기능을 더해 창작자들이 뉴스레터를 통해 수익을 얻을 수 있도록 지원합니다.

뉴스레터를 실제로 제작하고 디자인하는 방법, 마케팅을 진행하는 방법 등 뒤에서 소개할 모든 과정은 〈스티비〉에서 뉴스레터를 발행한다고 가정하고 설명할 예정입니다. 다른 뉴스레터 제작 플랫폼을 사용하는 창작자는 〈스티비〉에 있는 기능이 자신이 사용하는 플랫폼에도 있는지 잘 확인하고 비슷한 방식으로 진행하면 됩니다.

## 국내 유료 구독의 원조 〈메일리〉

2016년에 생겨난 〈스티비〉에 비하면 〈메일리〉는 2021년에 시작한 젊은 뉴스레터 제작 플랫폼입니다. 〈메일리〉는 카카오의 브런치와 유사하게 디자인적인 측면보다는 뉴스레터의 내용, 텍스트에 조금 더 집중된 플랫폼입니다. 디자인 측면에서 색상과 버튼, 이미지 배치 등을 다양하게 조절할 수 있는 〈스티비〉와 달리, 〈메일리〉에서는 블로그에 글을 쓰는 것과 유사한 뉴스레터 제작 기능을 제공합니다. 참고로 〈메일리〉 역

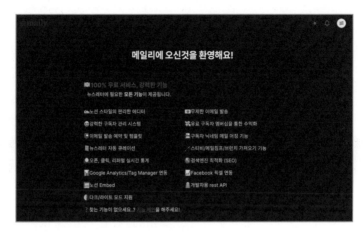

텍스트 위주의 뉴스레터 제작에 적합한 〈메일리〉

시 〈스티비〉와 마찬가지로 유료 구독 기능을 지원하고 있습니다. (사실 〈메일리〉가 〈스티비〉보다 먼저 유료 구독 기능을 지원했죠.)

혹시 〈노션(Notion)〉이라는 툴을 사용해 본 적 있나요? 〈노션〉은 '마크다운(Markdown)'이라는 글쓰기 도구를 이용해서 문서 작업을 굉장히 편리하게 만든 업무용 소프트웨어입니다. 마크다운이란 제목, 인용, 강조, 링크, 이미지 등 글을 쓸 때 필요한 여러 기능을 쉽게 이용하도록 도와주는 글쓰기 도구죠. 〈메일리〉에서는 〈노션〉처럼 마크다운 에디터를 이용해 글을 씁니다. 디자인 측면에서는 조금 간소하더라도, 창작자가 뉴스레터의 본질인 '글'을 쓰는 데 더 집중하게 해주는 것이죠.

〈메일리〉의 홈페이지(https://maily.so/)에 들어가 보면, 메인 페이지에서 지금 인기 있는 뉴스레터와 함께 새로 만들어진 뉴스레터를 볼 수 있습니다. 따라서 새롭게 뉴스레터를 만드는 창작자라면, 새로 등장한 뉴스레터를 적극적으로 홍보해 주는 〈메일리〉도 좋은 선택이 될 수 있습니다. 특히 뉴스레터 발행 초기에는 뉴스레터를 대중에 알리는 것이 굉장히 중요하므로 신규 창작자를 도와주는 〈메일리〉를 잘 활용해 보는 것도 좋겠습니다.

마지막으로, 〈메일리〉에는 〈스티비〉에 없는 기능이 하나 있습니다. 바로 댓글 기능인데요. 〈메일리〉에서는 뉴스레터로 받아본 콘텐츠에 댓글을 남겨 창작자와 직접 소통할 수 있습니다. 내가 만드는 뉴스레터의 핵심이 독자와의 소통이라면, 〈메일리〉가 좋은 선택지가 될 수 있습니다.

## 강력한 해외 뉴스레터 플랫폼 〈메일침프〉

앞서 소개한 〈스티비〉와 유사한 뉴스레터 제작 플랫폼입니다. 해외 사이트라 모든 내용이 영어로 되어 있다는 점만 다릅니다. 사실 〈메일침프〉는 뉴스레터 플랫폼이라기보다 종합 마케팅 솔루션 서비스라고 하는 편이 더 적절합니다. 〈메일침프〉에는 랜딩페이지 제작, SNS 광고 등 마케팅을 위한 다양한 서비스가 준비되어 있죠. 여기에서는 〈메일침프)의 다양한 기능 중 뉴스레터 발송 기능에 초점을 맞춰 살펴보겠습니다.

〈메일침프〉에서는 뉴스레터를 만들 때 〈스티비〉처럼 이미 만들어져 있는 여러 템플릿을 사용할 수 있습니다. 텍스트, 이미지, 버튼, 박스 등의 툴을 원하는 위치에 넣어 자유롭게 직접 뉴스레터를 디자인할 수 있다는 점도 〈스티비〉와 비슷합니다. 〈메일침프〉 홈페이지에서는 뉴스레터를 어떻게 디자인해야 구독자에게 도움이 되는지를 알려주는 '이메일 디자인 가이드'를 제공하고 있는데요(https://mailchimp.com/email-design-guide/), 한번 읽어보면 〈메일침프〉에서 어떤 기능을 활용할 수 있는지, 뉴스레터를 디자인할 때 어떤 점에 신경 써야 하는지 감을 잡을 수 있습니다.

〈메일침프〉의 가장 큰 장점은 다양한 커머스, 앱, 각종 소프트웨어와 연동이 잘된다는 점입니다. 해외 플랫폼이고, 오래된 뉴스레터 제작 플랫폼이다 보니 다양한 기능을 가진 서비스와 연동되어 있습니다. 당장 구독자를 모을 때부터 연동된 서비스를 이용해 2~3가지 방법으로 구독자를 모을 수 있습니다. 구독자 설문조사, 구독자 보고서 등 구독자 분석과 마케팅에 활용할 다양한 툴도 제공하죠. 여러 가지 부가기능을 하나하나 잘 활용하려면 많은 공부가 필요하겠지만, 필요한 기능을 잘 사용한다면 국내 뉴스레터 플랫폼에서보다 더 좋은 성과를 낼 수 있을 겁니다.

마지막으로, 〈메일침프〉는 앱이 있습니다. PC에서 사용할 수 있는 여러 기능(뉴스레터 데이터 분석 등)을 앱에서도 실행할 수 있는데요. 뉴스레터를 작성하는 과정은 모바일보다 PC가 편하기 때문에 뉴스레터 제작은 PC로 하더라도, 모바일 앱을 통해 수시로 뉴스레터 데이터를 확인해 볼 수 있습니다.

## 유료 구독 전문 플랫폼
## 〈블루닷〉

미디어스피어가 운영하는 〈블루닷〉이라는 플랫폼은 유료 구독 매체를 운영하려는 창작자라면 주목할 만합니다. 〈블루닷〉은 Ghost(https://ghost.org/)라는 블로그 플랫폼을 기반으로 창작자가 유료 구독 뉴스레터를 발행할 수 있도록 도와줍니다. 원하는 템플릿으로 홈페이지를 구축하고, 유료 구독에 필요한 각종 옵션을 편리하게 설정할 수 있습니다. 물론 Ghost라는 블로그를 이용해 직접 유료 구독 매체를 운영할 수도 있습니다. 하지만 제대로 블로그를 운영하려면 약간의 코딩이 필요하고, 영어에도 능통해야 하기 때문에 대부분 창작자가 Ghost를 이용하는 데 어려움을 겪습니다. 〈블루닷〉에서는 창작자가 원하는 테마를 고르면 홈페이지를 대신 제작해주기 때문에 창작자는 어려움 없이 홈페이지를 구축하고 유료 구독 매체를 운영할 수 있습니다.

필자가 운영하는 〈데일리 바이트〉 뉴스레터와, 유료 구독 서비스 〈BYTE+〉는 〈블루닷〉을 이용해 홈페이지를 구축하고 유료 구독 솔루션을 도입했습니다. 개발자 없이도 멋있는 홈페이지를 만들고, 유료 구독과 관련해서 다양한 실험을 해볼 수 있어서 굉장히 만족스럽습니다.

〈블루닷〉은 1인 미디어들이 쉽게 유료 구독 뉴스레터를 런칭해 수익화에 도전할 수 있도록 도와주는 일을 비전으로 삼고 파트너 미디어의 성장을 적극적으로 지원한다는 점도 긍정적인 포인트입니다. 〈블루닷〉에서는 매월 파트너 미디어 데이를 열고 각 미디어의 성장 전략을 점검하고, 성공 노하우를 나누며 각 미디어가 함께 빠르게 성장할 수 있도록 지원합니다.

지금까지 뉴스레터 제작 플랫폼 4가지에 대해 알아봤습니다. 이후 우리 책에서는 가장 대중적인 플랫폼인 〈스티비〉를 기준으로 모든 내용을 소개할 텐데요. 뉴스레터 플랫폼 대부분은 필수적인 기능을 전부 갖추고 있기 때문에, 어떤 플랫폼을 쓰든 크게 상관은 없습니다. 각 플랫폼을 한 번씩 둘러보고, 가장 직관적이고 뉴스레터 발행이 쉬울 듯한 플랫폼을 선택하면 되겠습니다.

## 뉴스레터 발행 주기
## 결정하기

뉴스레터 발행 주기를 얼마로 할지 고민이신 분들이 많을 것 같습니다. 뉴스레터가 다양한 만큼 발행 주기도 제각각인데요. 매일 발행되는 뉴스레터도 있고, 이틀에 한 번 발행되는 경우도 있으며 일주일에 한 번 발행되는 뉴스레터도 있습니다. 과연 어떤 발행 주기가 가장 효과적일까요?

결론부터 말하자면 정답은 없습니다. 발행 주기가 어떻든 뉴스레터의 인기, 구독자의 만족도에는 큰 영향을 끼치지 않는다는 것이죠. 물론 특이한 경우도 있습니다. 뉴스를 다루는 뉴스레터라면 아무래도 매일매일 발행하는 것이 시의성 있는 뉴스를 다루기에 좋고, 구독자들도 매일 신문을 받아보는 느낌을 받을 수 있어서 더 좋겠죠? 주식 투자와 관련된 뉴스레터 역시 빨리빨리 정보를 제공하는 것이 중요하기 때문에 매일 발행하는 편이 좋을 수 있습니다.

이렇게 특이한 경우를 제외하면 뉴스레터 주기는 여러분이 자유롭게 결정하면 됩니다. 다만 뉴스레터를 매일 발행하면 이를 받아보는 독자들의 피로도가 조금 더 높아질 수 있다는 점, 그렇다고 주기가 너무 길면 뉴스레터에 대한 흥미도가 자칫 떨어질 수 있다는 점 정도만 유의하면 됩니다.

발행 주기를 정할 때 가장 중요한 것은 '요일'입니다. 매일 발행하든, 3일에 한 번 발행하든, 주 1회 발행하든 뉴스레터가 발행되는 요일을 정해두는 것이 좋습니다. 구독자의 뇌리에 '○요일에는 뉴스레터가 온다'는 인식을 만들어야 하기 때문입니다. 뉴스레터와 요일이 결합되면, 뉴스레터를 열어보는 습관이 더욱 쉽게 형성됩니다.

뉴스레터 발행 요일을 정해두는 것은 창작자에게도 좋은 영향을 주는데요. 대부분의 경우, 뉴스레터 발행은 꽤나 많은 일을 수반합니다. 굉장히 귀찮은 일이 될 수도 있죠. 요일을 정하는 것은 뉴스레터 발행의 마감을 정해둔다는 의미입니다. 마감을 정해야 뉴스레터 제작에 탄력이 붙고, 뉴스레터를 만드는 일이 매주 습관으로 굳어집니다. 발행을 꾸준히 지속하기 위해서는 뉴스레터 발행 요일을 고정해 두기를 강력히 추천합니다.

뉴스레터를 발행하는 시간을 정해둬야 하는 경우도 있습니다. 해외 주식을 주제로 만드는 뉴스레터를 생각해 볼까요? 미국 주식은 우리나라 시간으로 밤 11시 30분에 시작해서 새벽 6시에 장이 끝납니다. 미국 주식에 투자하는 투자자를 타깃으로 한 뉴스레터면 밤 10시쯤 뉴스레터를 보내 미국 주식 시장이 시작하기 전 정보를 공유하면 좋겠죠? 아니면 다음 날 오전에 전날의 미국 주식 시장을 분석하는 콘텐츠를 보낼 수도 있습니다.

필자가 운영하는 뉴스레터 〈데일리 바이트〉는 매일 새벽 6시에 뉴스레터를 보내는데요. 구독자 대부분은 대학생 또는 직장인입니다. 구독자가 출근길 또는 등굣길에 버스나 지하철에서 뉴스를 읽을 수 있도록 새벽 6시로 발송 시간을 설정해 두었습니다. 뉴스레터 발송 플랫폼에는 대부분 '예약 발송' 기능이 있어 뉴스레터를 미리 만들어두고 원하는 시간에 이메일을 발송할 수 있습니다. 오픈율이 가장 좋은 시간대는 언제인지, 구독자들이 원하는 뉴스레터 발송 시간은 언제인지 조사해서 최적의 발송 시간을 찾기만 하면 됩니다.

# 초기 구독자를
# 모으는 법

대부분의 뉴스레터가 발행 초기에는 지인 위주로 초기 구독자를 형성합니다. 그리고 지인들을 기반으로 뻗어 나가기 시작하죠. 가까운 지인들에게 뉴스레터 발행을 시작했다고 알리고, 구독을 부탁하세요. 그리고 적극적인 추천과 홍보도요. 절대 첫술에 배부를 수는 없습니다. 조금씩이지만 몇십 명, 몇백 명으로 구독자가 늘어나고, 점점 입소문을 타기 시작해야 합니다.

초기 단계에서는 커뮤니티를 적극적으로 공략하는 것도 추천합니다. 페이스북이나 네이버 블로그, 카페 등 정말 여기저기에 내 뉴스레터를 알리는 노력이 필요합니다. 블로그나 카카오뷰, 브런치 등을 운영하고 있다면 해당 채널을 이용해서 뉴스레터를 알리는 것도 좋습니다. 또는 타깃 독자가 모여 있는 커뮤니티들을 찾아보고 뉴스레터를 알리는 글을 써보세요.

필자는 〈데일리 바이트〉를 시작한 초기, 취업이나 주식 투자와 관련된 네이버 카페, 페이스북 그룹, 투자 커뮤니티, 대학생 커뮤니티 등 다양한 커뮤니티에 〈데일리 바이트〉를 알렸습니다. 뉴스레터가 어느 정도 크기 시작하면 네이버나 구글 검색에 잡히지만, 초기 단계에서는 검색으로도 찾기 힘듭니다. 그렇기 때문에 초기일수록 더욱더 커뮤니티에 이런 뉴스레터가 있다는 것을 알리고, 입소문을 탈 수 있는 기반을 만드는 것이 정말 중요합니다.

마지막으로, 뉴스레터 안에 '주변에 뉴스레터를 추천해 달라'는 문구를 넣는 것도 좋은 방법입니다. 추천 이벤트를 진행할 수도 있습니다. 뉴스레터 초기에는 구독자가 얼마 없기 때문에, 오히려 독자와 적극적으로 소통하고, 친밀도를 쉽게 높일 수 있습니다. 이를 이용해 '우리 뉴스레터를 더욱 많은 분들이 보실 수 있게, 주변에 추천해 주세요!'라고 귀여운 부탁을 하는 것이죠. 양질의 콘텐츠와 특유의 감성이 있는 좋은 뉴스레터라면 많은 분들이 발 벗고 나서 추천해 주실 겁니다.

## 뉴스레터, 꾸준함이 중요하다!

이제 뉴스레터를 발행하기 위한 준비를 마쳤습니다. 마지막으로 한가지 당부드리려 합니다. 뉴스레터는 꾸준함이 생명입니다. 초기에 구독자가 잘 안 늘어난다고 쉽게 포기하지 않으면 좋겠습니다. 구독자 수는 꾸준히 늘어나지 않습니다. 오히려 계단식으로, 어느 날 갑자기 늘어나는 경우가 많죠. 언제 어떤 계기로 구독자 수가 늘어나 점점 더 많은 사람이 보는 뉴스레터로 성장할지 모릅니다. 창작자인 우리가 할 수 있는 것은 꾸준히 좋은 콘텐츠를 만들고, 폭발적인 구독자 성장을 경험할 확률을 높이는 것입니다.

　뉴스레터뿐만 아니라 모든 매체는 신뢰가 기본입니다. 특히 뉴스레터 구독자는 단순한 SNS 팔로워가 아닙니다. 뉴스레터는 정해진 날짜에 이메일로 콘텐츠를 발송한다는 약속입니다. 정해진 날짜에, 좋은 콘텐츠를 꾸준히 발행하는 것은 구독자와의 약속입니다. 뉴스레터 발행을 본격적으로 시작하기 전에, 나는 앞으로 독자와의 약속을 지켜나갈 수 있는 창작자인지 최종적으로 성찰해 보시기 바랍니다. 스스로가 꾸준히 좋은 콘텐츠를 만들어내겠다는 생각을 가진 창작자라고 결론을 내리셨나요? 그렇다면 이제 여러분은 많은 구독자에게 사랑받는 뉴스레터를 만들 준비가 되었습니다.

# Part 2

# 독자를 사로잡는
# 콘텐츠 만드는 방법

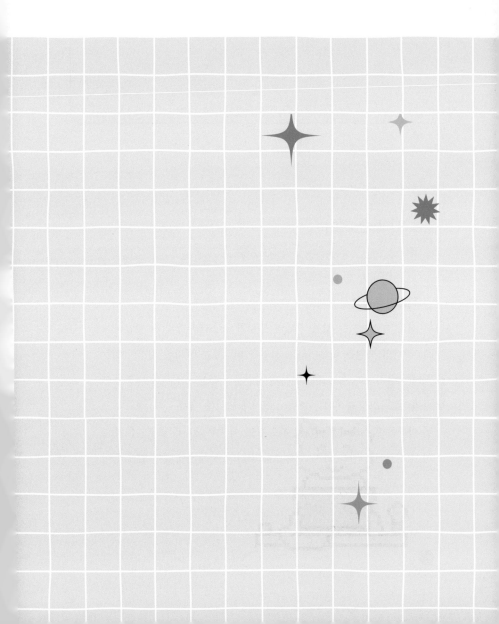

# 뉴스레터 분야별
# 시장 분석

0 ♥

## 시사 뉴스레터
## 분석

**색깔이 뚜렷한 뉴스레터**

시사 뉴스레터는 보통 색깔이 뚜렷한 뉴스레터가 인기 있습니다. 즉, 하나의 사건을 다루더라도 사건을 바라보는 뚜렷한 시각이 있는 레터여야 합니다. 뉴스레터가 특정 사건을 바라보는 신선한 관점이 있다면, 이 관점을 좋아하는 팬덤이 생기게 됩니다. 예를 들어, 정치 뉴스를 다루는 뉴스레터가 있다고 해볼게요. 이 뉴스레터의 발행인은 뚜렷한 정치적인 입장을 가지고, 뉴스를 자신의 시선에서 깊이 있게 풀어

줍니다. 그러면 이 뉴스레터의 관점, 시각을 좋아하는 독자들은 당연히 뉴스레터를 좋아할 수밖에 없겠죠. 시사 뉴스레터를 발행한다면, 이렇게 뚜렷한 색깔이 있어야 팬덤을 비교적 쉽게 모을 수 있습니다.

### 다루는 분야가 뚜렷한 뉴스레터

시사 뉴스레터도 정치, 부동산, 경제 등 여러 분야의 뉴스를 다룰 수 있습니다. 이때 모든 분야의 뉴스를 다루는 것보다 하나의 분야를 정해서 깊이 있게 다루는 뉴스레터의 반응이 더 좋습니다. 정치면 정치, 부동산이면 부동산 이렇게 하나의 전문 분야를 다루는 거죠. 시사 뉴스레터를 구독한다는 것은 관심 분야에 대해 일반적인 뉴스보다는 조금 더 깊이 있는 정보를 얻고 싶다는 의미입니다. 하나의 분야를 다루면 뉴스레터가 전문적이라는 인상을 줄 수 있고, 발행하는 입장에서도 해당 분야에 대해 더 많이 공부하고 지식을 쌓아 뉴스레터에 더욱 깊이가 생기는 선순환이 이루어집니다.

### 정보를 잘 큐레이션하는 뉴스레터

시사 뉴스레터를 발행할 때는 대부분 여러 뉴스와 정보 중 어떤 이슈를 다룰지 선택하는 과정을 거치게 됩니다. 이때 독자들이 정말 궁금해할 만한 내용, 필요로 하는 내용을 골라내는 큐레이션 역량이 굉장히 중요합니다. 좋은 시사 뉴스레터는 정보의 홍수 속에서 독자에게 전달할 핵심 이슈들을 쏙쏙 골라내고, 이를 잘 가공해서 전달해야 하죠.

큐레이션을 잘한다는 의미는 크게 두 가지입니다. 첫 번째는 '반드시 알아야 하는 이슈를 놓치지 않는 것'입니다. 뉴스레터 구독자 중에는 뉴스 대신 시사 뉴스레터를 보며 세상의 흐름을 따라가는 분들도 있습니다. 이러한 유형의 구독자에게는 놓치지 말아야 할 큰 이슈들을 짚고 넘어가는 것이 상당히 중요하죠.

두 번째는 '사소해서 넘어갈 뻔했던 이슈를 툭툭 던져주는 것'입니다. 이 뉴스레터가 아니었다면 모르고 지나쳤을 이슈를 소개해 주는 거죠. 시사 뉴스레터를 구독하고 챙겨볼 정도의 구독자라면, 몰랐던 것을 알게 되었을 때 상당한 만족감을 느낄 가능성이 높습니다. 이러한 유형의 구독자에게는 알아두면 좋을 사소한 소식을 재치있게 전달해 주는 뉴스레터가 굉장히 유용하게 다가올 겁니다.

### 쉬운 뉴스레터

다루는 소재가 뚜렷하고, 나만의 관점으로 이슈를 풀어내는 시사 뉴스레터는 자칫 어려워질 수 있습니다. 하지만 명심하셔야 합니다. 뉴스레터가 어려워지면, 그만큼 읽다가 도중에 포기하는 구독자도 많아집니다. 소수의 전문가를 대상으로 하는 뉴스레터라면 내용이 전문적이고 어려워도 상관없지만, 많은 구독자에게 유용한 정보를 알려주고자 하는 뉴스레터라면 콘텐츠를 쉽게 쓰는 데 많은 노력을 들여야 합니다. 대부분의 뉴스레터에게 '무조건 쉽게 쓴다'라는 공식은 정답일 가능성이 높습니다.

# 재테크 뉴스레터
# 분석

### 전문성 있는 뉴스레터

재테크 분야에서는 전문성이 느껴지는 뉴스레터의 인기가 높습니다. 여기서 중요한 포인트는, 뉴스레터의 특성상 구독을 해야 콘텐츠를 볼 수 있기 때문에 독자들은 뉴스레터를 구독하기 전에 뉴스레터의 전문성을 판단해야 합니다. 즉, 첫인상에서 느껴지는 전문성이 중요하다는 이야기입니다.

뉴스레터를 읽기 전에도 전문성이 느껴지도록 하는 몇 가지 방법이 있습니다. 첫 번째는 필진을 강조하는 방법입니다. 주식 투자로 어느 정도 성과를 낸 에디터가 콘텐츠를 쓴다거나, 증권사 출신 에디터가 콘텐츠를 쓴다는 점을 알리면 신뢰감이 생기겠죠? 두 번째는 예전 뉴스레터를 읽어볼 수 있게 제공하는 것입니다. 예전 뉴스레터를 읽어봤는데 내용이 굉장히 전문적이고 도움이 된다면, 앞으로 받아볼 뉴스레터도 많은 도움이 될 것이라 기대하고 구독하는 독자들이 많아질 것입니다.

### 재테크를 쉽게 알려주는 뉴스레터

앞에서 대부분의 뉴스레터는 쉽게 써야 함을 강조했는데요. 재테크 뉴스레터는 쉽게 쓰는 것이 더욱 중요합니다. 주식이나 재테크, 경제 용어들이 굉장히 어렵기 때문입니다. 어려운 용어들을 잘 이해하지 못해서, 조금 더 쉽게 재테크 관련 정보를 얻고자 재테크 뉴스레터를 구독하는 독자들이 많습니다. 그러므로 재테크 뉴스레터는 더더욱 쉬운 언어로, 어려운 내용을 차근차근 풀어주는 것이 중요합니다. 여러 재테크 뉴스레터들을 보면서, 어떻게 하면 더 쉽게 내용을 전달할 수 있을지 방법을 고민해 보는 것도 좋습니다.

### 실제 사례를 소개하는 뉴스레터

다른 사람의 재테크 성공담, 재테크 노하우를 공유해 주는 뉴스레터도 많은 주목을 받을 겁니다. 재테크 분야에서는 특히 '나에게 실제로 도움이 되는 정보를 주는가?'가 굉장히 중요합니다. 단순히 알아두면 좋은 정보보다는 알아두면 진짜로 돈이 되는 정보가 더욱 가치 있기 때문이죠. 다른 사람들의 재테크 경험은 쉽게 구하기 힘든, 정말 도움이 되는 정보입니다. 따라서 실제 사례를 제공하는 뉴스레터도 많은 독자들의 선택을 받을 수 있죠.

### 공부가 되는 뉴스레터

재테크라고 하면 실제로 돈이 되는 정보를 제공하는 뉴스레터를 많이 생각하실 텐데요. 그런데 사실 '남들이 모르는 투자 정보' 같은 내용은 뉴스레터와는 잘 맞지 않습니다. 오히려 이렇게 빠르게 알아야 할 투자 정보는 카카오톡이나 텔레그램 같은 메신저를 사용하는 게 훨씬 낫죠. 뉴스레터에서는 빠르게 돈 되는 정보를 공유하는 것보다는, 투자나 재테크에 대해 공부할 수 있는 내용이 담긴 콘텐츠가 더 어울립니다. 예를 들어, 현재 경제 상황이 어떤지 자세히 알려주고 이럴 때 어떻게 투자를 해야 하는지, 어떤 재테크 방법에 관심을 가지면 좋은지를 설명해 주는 겁니다. 또는 단순히 어떤 산업 분야가 유망한지 알려주는 게 아니라, 왜 유망하며 어떤 점에 주의해서 투자해야 하는지 알려주는 거죠. 정보 제공을 넘어, 개념을 설명해 주며 독자들이 투자와 재테크에 대해 배울 수 있도록 해주는 뉴스레터를 만드는 것이 좋습니다.

## 문화 · 라이프 뉴스레터 분석

### 감성적인 뉴스레터

문화 · 라이프 뉴스레터에서 가장 중요한 것은 감성입니다. 독자들의 취향을 잘 공략한 나만의 감성이 있는 뉴스레터가 독자들로부터 뜨거운 반응을 이끌어내는 것을 볼 수 있는데요. 귀여운 캐릭터를 사용하거나, 특유의 어투로 독자들과 대화하면서 감성을 잘 전달해야 합니다. 또한 문화 · 라이프 뉴스레터는 다른 뉴스레터들보다 디자인 요소에 조금 더 신경 쓰는 것이 좋습니다. 뉴스레터의 브랜딩을 나타내는 디자인 요소들이 잘 어우러진 뉴스레터라면 구독자들의 취향을 잘 공략할 수 있을 것입니다.

### 감각적인 큐레이션을 제공하는 뉴스레터

문화 · 라이프 뉴스레터에는 책이나 영화, 음악 등 문학과 예술 분야를 다루는 뉴스레터들이 많습니다. 특히나 책 추천, 영화 추천, 음악 감상 등 독자들에게 작품을 추천해 주거나 후기를 들려주는 뉴스레터들이 많죠. 이때 뻔한 작품들을 뻔하게 리뷰하기보다는, 톡톡 튀는 작품을 추천할 수 있으면 가산점이 붙겠죠? 잘 몰랐던 작품을, 내 뉴스레터만의 감각을 살려 전달해 준다면 나날이 구독자가 늘어날 겁니다.

# 뉴스레터의
# 요즘 트렌드

요즘은 뉴스레터가 블로그를 대체하는 느낌입니다. 예전에는 많은 사람이 블로그를 일기장처럼 활용했습니다. 그날 있었던 일은 물론 맛있게 먹었던 식당, 관람했던 음악회나 영화 등을 업로드했죠. 그런데 이렇게 일기장처럼 활용하는 매체가 블로그에서 점점 뉴스레터로 넘어오는 것 같기도 합니다. 뉴스레터로 내 얘기를 다른 사람에게 들려주기도 하고, 내가 관심 있는 분야에 대해 글을 연재하는 창작자가 점점 늘어나고 있죠.

뉴스레터를 만들기로 결정했다면, 내가 무엇에 관심이 있는지 깊이 성찰해 보세요. 가볍게 내 일상을 공유하는 걸 좋아하는 사람일 수도 있고, 주식 투자를 열심히 해 나만의 노하우가 있는 사람일 수도 있고,

옛날 영화를 너무 좋아해서 사람들에게 소개해 주고 싶어 하는 사람일 수도 있습니다. 정말 내가 관심 있는 분야를 찾았다면, 다음 장에서 내 뉴스레터로 구독자를 사로잡는 법을 확인해 보고 나만의 방법까지 찾아보면 좋겠습니다.

## 누가 내 뉴스레터를 원할까?

　들어가기 전에, 먼저 뉴스레터 시장의 기본적인 특징을 알아두면 좋습니다. 뻔한 내용이지만, 뉴스레터는 주로 2030 젊은 세대가 많이 봅니다. 이메일을 사용하는 모든 세대가 뉴스레터를 한 번쯤 받아봤겠지만, 뉴스레터를 능동적으로 받아보는 세대는 2030세대라는 이야기입니다. 또한 뉴스레터 독자 중에는 여성 구독자가 남성 구독자보다 많습니다. 정리하자면 뉴스레터 시장에는 2030 젊은 여성 구독자가 많은데요. 이 점을 감안하며 이제 내 뉴스레터의 타깃 독자를 누구로

삼을지 고민을 시작해 봅시다.

　보통 뉴스레터가 다루는 주제와 타깃 독자는 굉장히 큰 연관성이 있습니다. 예를 들어보겠습니다. 실무자를 위한 마케팅 사례들을 다루는 '마케팅 뉴스레터'가 있습니다. 이 뉴스레터는 누가 볼까요? 당연히 현업 마케터들이 많이 보겠죠. 이 뉴스레터의 타깃 독자는 마케터입니다. 이렇게 뉴스레터가 다루는 주제가 타깃 독자까지 결정하는 경우에는 타깃 독자에 대한 고민이 한층 쉬워집니다. 누구를 타깃으로 삼아야 하는지 직관적으로 알 수 있기 때문이죠. 지금 설정해둔 내 뉴스레터의 주제와 타깃 독자의 관련성이 크다면, 이후 내용은 슬쩍 뛰어넘어도 좋습니다.

　반면 주제와 타깃 독자가 명확한 관련이 없는 경우도 있습니다. 역시 예를 들어볼게요. 시사 뉴스를 다루는 뉴스레터가 있습니다. 타깃 독자는 누가 될까요? 시사 상식이 필요한 취업준비생이 될 수도 있고, 주식 투자를 갓 시작한 주린이일 수도 있으며, 자기 계발을 열심히 하는 직장인이 타깃 독자일 가능성도 있습니다. 이때는 더욱 구체적인 타깃 설정이 필요합니다. 물론 나중에 뉴스레터가 성숙기에 접어들면 타깃을 좀 더 넓고 다양하게 잡아도 되지만, 뉴스레터 초기 단계에서는 가능하면 구체적인 타깃을 찍고 들어가는 것이 좋습니다. 그래야 마케팅을 제대로 할 수 있기 때문입니다.

타깃 독자를 찾을 때는 크게 3가지 사항을 고려하면 됩니다. 첫 번째는 '내 뉴스레터의 초기 독자 분석하기'입니다. 지금 구독자가 얼마 안 되더라도, 어떤 사람들이 더 많이 구독하고 있는지, 어떤 사람들이 내 뉴스레터를 좋아하고 높은 만족도를 느끼고 있는지 알아보는 겁니다. 물론 표본이 적어 설문이 유의미하지 않다는 건 알고 있습니다. 하지만 설문조사를 통해 누가 내 뉴스레터를 좋아하는지에 대한 대략적인 힌트는 충분히 얻을 수 있습니다.

두 번째는 '내 뉴스레터의 무드 분석하기'입니다. 앞선 시사 뉴스레터 예시를 다시 가져와 볼게요. 시사 뉴스를 굉장히 깊이 있고 전문적으로 다루는 무드의 시사 뉴스레터라면, 주식 투자자들이 조금 더 좋아하는 시사 뉴스레터가 될 것입니다. 반대로 대중적인 시사 이슈를 쉽게 풀어주는 뉴스레터라면 취업준비생 같이 넓지만 비교적 얕은 지식을 필요로 하는 독자들에게 안성맞춤이겠죠.

마지막으로는 '내가 어떤 타깃 독자층을 더 잘 이해하는가?'를 생각해 보아야 합니다. 뉴스레터의 콘텐츠가 좋으려면 창작자가 잘하는 분야를 다뤄야 합니다. 주식 투자를 하지 않는데 주식 투자 뉴스레터를 쓰면 과연 타깃 독자들이 필요로 하는 콘텐츠를 제대로 만들 수 있을까요? 높은 확률로 그렇지 않을 것입니다. 타깃 독자는 창작자와 거리가 가깝거나, 유사한 대상이 좋습니다.

# 타깃 독자를
# 설정한 후 할 일

타깃 독자를 설정하고 나면 콘텐츠를 발전시키기가 굉장히 쉬워집니다. 그저 단 하나의 질문에 대답하면 됩니다. '내 타깃 독자가 더 필요로 하는 콘텐츠가 뭘까?'입니다. 이는 모든 뉴스레터에 해당되는 내용입니다. 내 뉴스레터를 가장 열심히 보는 독자층이 필요로 하는 콘텐츠를 주는 뉴스레터라면, 당연히 더욱 많은 독자를 모으고 발전할 가능성이 크겠죠. 타깃 독자를 설정했다면, 창작자 여러분은 타깃 독자층이 어떤 콘텐츠를 원하는지, 지금 내 뉴스레터에 타깃 독자층의 니즈를 어떻게 반영할 수 있을지 고민해야 합니다. 특히 독자들에게 '어떤 콘텐츠가 더 필요하신가요?'라고 직접 물어보는 것이 좋은데요. 효과적으로 독자 설문을 진행하는 방법은 뒤에서 자세히 다룰 예정입니다.

타깃 독자를 설정하고 해야 할 또 하나의 과제가 있습니다. 바로 내 뉴스레터를 타깃 독자가 봐야 하는 이유를 만드는 과정인데요.

✉️ 보통 구독자는 아래와 같은 경우에 뉴스레터를 구독합니다.

❤️ 나한테 진짜 필요한 콘텐츠인 경우

❤️ 내용이 유익하거나 재미있는 경우

❤️ 나랑 비슷한 사람들이 이 뉴스레터를 많이 보는 경우

## 💚 뉴스레터를 읽고 자기만족을 느낄 수 있는 경우

　1번의 경우는 바로 위에서 언급한 것처럼 설문조사를 실시하여 '타깃 독자에게 진짜 필요한 콘텐츠'를 알아보면 됩니다. 그리고 3번은 뉴스레터 구독 페이지에 '내 뉴스레터를 어떤 사람들이 많이 보는지' 간단하게 적어두면 됩니다. 물론 설문조사를 진행하고 난 이후 얻은 데이터를 기반으로 해야겠죠. 4번은 퀄리티 높은 콘텐츠를 제공하면 자연스럽게 달성할 수 있습니다.

　문제는 2번인데요. 독자들이 어떤 콘텐츠를 재미있어하는지, 아니면 유익하다고 느끼는지 알아보려면 어떻게 해야 할까요? 설문조사도 좋지만 뉴스레터에 대한 피드백을 할 수 있는 공간을 마련해 두는 것이 좋습니다. 뉴스레터 마지막에 '피드백이 필요해요' 같은 버튼을 만들어두고, 구글폼을 활용해 독자들이 간단하게 피드백을 할 수 있도록 유도하는 겁니다. 이렇게 얻은 소중한 피드백들을 참고해서 뉴스레터 길이는 어느 정도가 적당한지, 친근한 어투가 좋은지 아니면 공식적인 어투가 좋은지 등 콘텐츠의 하나부터 열까지를 독자들의 선호에 맞게 바꿔나가면 좋습니다. (이건 필자만의 팁인데요. 긍정의 피드백과 부정의 피드백을 나누어 받는 것도 좋습니다. 긍정의 피드백을 따로 모아두고 보면, 창작자 입장에서는 정말 큰 힘이 되고 뉴스레터를 꾸준히 발행할 수 있는 동력을 얻을 수 있기 때문입니다.)

# 구독자 설문조사
# 하는 방법

　많은 사랑을 받는 뉴스레터를 만들려면, 반드시 구독자 설문을 거쳐야 합니다. 구독자 설문은 정말 중요한데요. 이메일로 뉴스레터를 받아보는 구독자의 이야기를 직접 들을 수 있는 거의 유일한 창구이기 때문입니다. 특히 뉴스레터는 이메일을 통해 발송되는 특성 덕분에 평균적으로 다른 매체보다 더 많은 분들이 설문조사에 참여합니다. 또한 설문조사는 '창작자→독자'로 이어지는 일방향 매체인 뉴스레터에 '독자→창작자'로 이어지는 소통의 창구를 제공합니다. 설문조사를 활용하면 일방향 매체인 뉴스레터도 독자와 소통할 수 있게 되며 이런 모습이 독자에게도 각인됩니다. 마지막으로, 설문조사에는 뉴스레터에 큰 애정을 가지고 있는 고관여 독자분들이 많이 참여합니다. 그만큼 농도 짙은, 소중한 의견들이 모이게 되죠. 그러니 뉴스레터를 발행하고 어느 정도 구독자가 모인 시점에서는 꼭 구독자 설문조사를 해보길 추천합니다.

👉 뉴스레터에서 구독자 설문조사를 잘하기 위한 핵심

💙 설문조사 참여 링크는 뉴스레터 내에서 눈에 잘 띄는 곳에 배치해야 합니다. 뉴스레터의 초반부에 배치하거나, 눈에 띄도록 이미지 배너를 만드는 것도 좋은 방법입니다. 설문조사 참여 링크를 못 보고 넘어가는 사람이 단 한 명도 없어야 합니다.

✔️ 설문조사 기간은 3~5일 정도로 정해두는 것이 좋습니다. 설문조사를 단 하루의 뉴스레터에만 올리면, 해당 뉴스레터를 안 보고 넘어가는 구독자의 의견을 못 받는 일이 생깁니다. 반면에 기간을 너무 길게 잡으면 매 뉴스레터마다 올라오는 설문조사 링크 때문에 독자들의 피로도가 높아지게 되죠. 따라서 적당하게 3~5일 정도로 설문조사 기간을 정해두기를 추천합니다.

✔️ 설문조사의 가장 핵심 목표를 1개 정해둬야 합니다. 목표는 '구독자가 가장 좋아하는 콘텐츠 찾기'나 '구독자가 어떤 사람들인지 인구통계자료 모으기' 등이 있겠죠. 하나의 설문조사에 여러 목표가 모이면 설문조사가 길어지게 되며, 설문조사 도중에 이탈하는 사람도 늘어나고 후반부로 갈수록 응답의 정확도가 낮아지게 됩니다. 그러니 설문조사에서는 단 하나의 목표를 두고, 핵심 질문만으로 짧게 구성하는 것이 중요합니다.

✔️ 가장 핵심 질문은 첫 번째 또는 두 번째 질문으로 넣어주세요. 흔히 성별이나 나이대 같은 간단한 질문으로 설문을 시작하는 경우가 많은데요. 오히려 기본 정보 같은 비교적 덜 중요한 질문은 뒤로 넣고, 꼭 필요한 핵심 질문을 앞에 두는 것이 좋습니다. 설문지가 조금 어색해지더라도 본론부터 언급하면 설문 참여자로부터 정확한 답을 듣는 데 도움이 됩니다.

✔️ 주관식 문항은 가급적 빼주세요. 설문 참여자가 응답할 수 있는 경우의 수가 많아도 이를 객관식 문항으로 담는 것이 좋습니다. 대부분의 참여자들이 주관식 문항에 응답하기 귀찮아합니다. 객관식으로 여러 선택

지를 만들면 빼먹는 선택지가 있을까 봐 고민하는 창작자분들이 있으실 텐데요, 객관식으로 문항을 만들고 마지막에 '기타' 항목을 넣으면 됩니다. 정말 필요한 것이 있는 설문 참여자라면 기타에 체크하고 자신의 의견을 적을 겁니다.

◈ 객관식 선택지는 가능한 한 놓치는 내용 없이 꼼꼼하게 만들어야 합니다. E가 필요하다고 생각하는 설문 참여자가 A, B, C, D 선택지만 있는 설문 문항을 만나면, E를 필요로 하고 있다는 것을 잊어버리고 다른 선택지에 체크하거나, 기타 문항에 E를 적기 귀찮아 차선책을 선택할 수 있습니다. 그러니 가능하면 놓치는 선택지가 없도록 설문조사를 꼼꼼히 만들어야 합니다.

◈ 설문조사를 만들 때, 인트로 부분에 설문조사의 목적이나 내용을 설명하고 예상되는 설문 소요 시간을 적어주는 것이 좋습니다. 설문 도중에 귀찮음을 이기지 못하고 이탈하는 참여자를 줄이기 위함입니다. 설문조사가 다소 길어지더라도 대략 몇 분이 걸리는지 알고 있으면 오랜 시간을 참고 설문조사를 마칠 확률이 비교적 높아집니다.

지금까지 뉴스레터의 타깃 독자는 누구인지, 그리고 그들이 무엇을 좋아하는지 알아보는 시간을 가졌는데요. 창작자라면, '내 뉴스레터를 보는 독자는 어떤 사람이고, 이러이러한 것을 좋아해서 내 뉴스레터를 구독한다'라고 명확히 말할 수 있어야 합니다. 그래야 앞으로 독자에 맞게 콘텐츠를 발전시켜 나가면서 사랑받는 뉴스레터를 만들 수 있습니다.

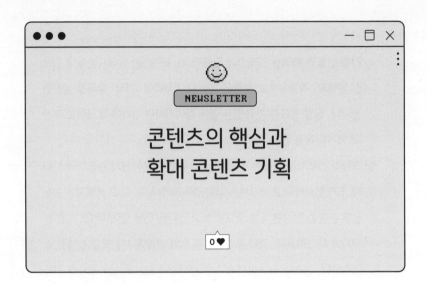

**NEWSLETTER**

# 콘텐츠의 핵심과
# 확대 콘텐츠 기획

0 ♥

## 내 뉴스레터의
## 목적 정하기

여러분은 왜 뉴스레터를 발행하나요? 이 커다란 질문에서부터 콘텐츠 기획이 시작됩니다. 지금 스스로에게 물어보세요.
"내 뉴스레터의 목적은 뭐지?"

필자의 예를 들어보겠습니다. 뉴스를 보다가 문득 "나는 뉴스를 통해서 진짜 공부를 하고 있는가"라는 의문이 생겼습니다. 뉴스를 보면서 딱히 무언가 배우고 있는 것 같지 않다는 느낌이 들었습니다. 그런데 우리는 세상이 돌아가는 것을 공부하기 위해서 뉴스를 봅니다. '공부를 하려고 뉴스를 보는데, 정작 뉴스를 보면 공부하는 느낌이 들지 않는다……'. 바로 이 부분을 해결하고자 했습니다. 뉴스를 읽고 공부하려면 우선 쉬워야 할 것 같았습니다. 그리고 하나의 사건을 하나의 기사에서 종합적으로 설명해 줘야 뉴스를 제대로 이해할 수 있을 것 같았죠. 그리고 이런 서비스를 필요로 하는 필자와 같은 사람들이 꽤 많을 것 같다는 생각이 들었습니다. 그래서 최대한 쉽게, 이슈를 종합적으로 설명해 주는 비즈니스·경제 뉴스레터 〈데일리 바이트〉를 만들었습니다.

목표는 각 창작자마다 각양각색일 것 같습니다. 그런데 목표는 딱 하나인 것이 좋습니다. 그래야 여러분이 만든 뉴스레터가 어떤 목표를 가진 뉴스레터인지 독자가 제대로 인지할 수 있기 때문입니다. 독자가 느끼는 뉴스레터의 목표가 일관될수록, 그리고 그 목표를 알고 있는 독자가 많아질수록 뉴스레터의 방향성은 점점 확고해집니다. 그렇게 뉴스레터는 성장합니다. 뉴스레터에 콘텐츠가 3개 들어가든 5개가 들어가든, 뉴스레터의 목표와 콘텐츠의 방향성이 잘 맞는 것이 중요합니다.

자, 이제 뉴스레터의 큰 목표 하나를 정했나요? 그럼 콘텐츠 커리큘럼을 만들러 가보겠습니다.

# 콘텐츠 커리큘럼
# 기획하기

커리큘럼을 만들기 전에 먼저 1주일을 단위로 몇 개의 콘텐츠를 발행할지 정해야 합니다. 〈데일리 바이트〉는 주 5일, 각 뉴스레터마다 종합 기사 2편과 뉴스 모아보기 1편, 퀴즈 1편으로 구성합니다. 종합 기사에서는 하나의 이슈에 대해 배경부터 현재 상황, 미래 전망, 사건이 가지는 의의 등을 종합적으로 설명합니다. 그리고 뉴스 모아보기에서는 종합 기사로 다룰 만큼 중요한 이슈는 아니지만, 알아두면 세상 돌아가는 걸 알 수 있는 뉴스들 5개를 요약해 두죠. 그리고 퀴즈에서는 뉴스레터를 잘 읽었는지 확인하는 쉬운 문제를 하나 넣어둡니다. 구성은 창작자 여러분의 입맛에 맞게 하면 됩니다. 주 3회 발행해도 좋고, 각 뉴스레터마다 서로 다른 콘텐츠를 넣어도 좋습니다.

이렇게 1주일을 단위로 콘텐츠 발행 횟수를 정하고 나면, 이제 각 콘텐츠를 목표에 걸맞게 세세하게 다듬는 과정을 거쳐야 합니다. 〈데일리 바이트〉를 예시로 들어서 설명할게요. 〈데일리 바이트〉에서는 비즈니스 · 경제 뉴스를 다루는데요. 뉴스를 서술하는 방법은 여러 가지가 있습니다. 대중적인 이슈를 선정해 쉽게 설명할 수도 있고, 굉장히 마이너한 이슈를 골라서 '이런 뉴스도 있어요!' 하고 소개할 수도 있습니다. 그리고 하나의 이슈를 굉장히 전문적으로, 깊이 있게 설명할 수도 있겠죠. 이렇게 많은 방법 중에 여러분의 뉴스레터의 목표에 맞는 서술 방식을 찾아야 합니다. 〈데일리 바이트〉의 목표는 '많은 사람들이

비즈니스 🖤

**일론 머스크, 트위터 인수 계약 파기**

INHYE

일론 머스크가 57조원 규모의 트위터 인수 계약을 파기했습니다. 가짜 계정을 확인하기 위한 정보를 트위터에 요청했으나, 트위터가 이를 제공하지 않았다는 이유인데요. 트위터는 이에 즉각 반발하며 소송을 예고했습니다.

자세히 살펴보자면...

일론 머스크는 트위터 인수를 발표한 지 두 달 만에 해당 계약의 파기를 선언했습니다. 계약 파기 소식이 알려지자 트위터와 테슬라의 주가는 상반된 흐름을 보였습니다.

- 테슬라의 최고경영자(CEO)인 일론 머스크는 지난 4월 약 57조 2,000억원에 **트위터를 인수**한다는 내용의 계약을 체결했습니다. 이후 머스크는 표현의 자유를 강조하며, 트위터를 다양한 게시물이 폭넓게 허용되는 '디지털 광장'으로 만들겠다는 포부를 밝혔습니다.

〈데일리 바이트〉 뉴스레터의 종합기사

## 뉴스 한 입 😎

✔정부, 할당 관세 품목 확대
- **한줄요약:** 정부가 7개 품목에 대해 할당 관세를 적용합니다.
- **이유는?** 국민 체감이 큰 품목을 중심으로 관세를 낮춰 최근 급등한 밥상 물가 부담을 줄이겠다는 계획인데요.
- **상세내용:** 소고기·닭고기·돼지고기·분유·커피 원두·주정 원료·대파 등 7개 품목에 대해 할당 관세 0%가 적용됩니다.

✔ 카카오 노조, 카카오모빌리티 매각 반대 기자회견 예고
- **한줄요약:** 카카오 노동조합 '크루 유니언'이 11일 오전 **카카오모빌리티 매각** 반대 기자회견을 열 예정입니다.
- **상세내용:** 크루 유니언은 기자회견에서 카카오모빌리티 매각에 대해 노조 측 입장을 표명하고 향후 대응 계획 등을 공개합니다.
- **누가 참여하지?** 기자회견에는 전국대리운전노동조합·라이더유니온·공공운수노조 택시지부·웹툰작가노동조합 등 카카오 플랫폼을 둘러싼 여러 이해관계자가 참여할 예정입니다.

〈데일리 바이트〉 뉴스레터의 뉴스 모아보기


## 퀴즈 한 입 🔔

**다음 중 우리나라의 전기차 배터리 제조사가 <u>아닌</u> 곳은?**

1. LG에너지솔루션
2. CATL
3. SK온
4. 삼성 SDI

정답 맞추러 가기

〈데일리 바이트〉 뉴스레터의 퀴즈 코너

뉴스를 통해 비즈니스 · 경제를 배울 수 있도록 도와주자'입니다. 그래서 〈데일리 바이트〉에서는 많은 분들이 알아두면 좋을 이슈를 선정하고, 어려운 내용도 최대한 쉽게 설명합니다.

각 콘텐츠의 서술 방식을 결정하고 콘텐츠를 세세하게 다듬었다면, 이제 뉴스레터 안에 콘텐츠를 배치할 차례입니다. 앞서 〈데일리 바이트〉는 매 뉴스레터마다 종합 기사 2건, 뉴스 모아보기 1편, 퀴즈 1편이 들어간다고 했었는데요. 이 구성 역시 '독자가 비즈니스 · 경제를 제대로 배울 수 있도록 하자'는 목표를 고려했습니다. 종합 기사를 2건 읽고, 알아두면 좋을 다른 뉴스들을 가볍게 읽어주는 겁니다. 그리고 뉴스레터를 잘 읽었는지 퀴즈로 확인하는 것이죠. (퀴즈 참여도를 높이고자 매주 5개의 퀴즈 정답을 모두 맞힌 독자 중 추첨을 통해 5명에게 스타벅스 기프티콘을 증정하고 있습니다.) 종합 기사로 깊이 있는 내용을 보고, 뉴스 모아보기로 핵심 뉴스들을 읽은 후 퀴즈로 마무리하면, 〈데일리 바이트〉가 준비한 커리큘럼이 끝이 납니다.

필자가 운영하는 유료 구독 미디어 〈BYTE+〉에서는 조금 더 큰 커리큘럼을 만들어뒀습니다. 〈BYTE+〉에서는 무료 뉴스레터인 〈데일리 바이트〉보다 더욱 깊이 있는 내용을 다루는데요. 〈BYTE+〉 역시 1주 단위로, 매주 월~금 1개의 긴 콘텐츠가 뉴스레터로 발송됩니다. 다음의 〈BYTE+〉 커리큘럼을 예시로 설명해 보겠습니다.

월) DEEP BYTE : 최신 경제 이슈를 꼼꼼하게 해설하는 코너

화) 마켓 인사이드 : 특정 산업군 또는 관련 시장에 대한 분석

수) 상식 한 입+ : 반드시 알아야 할 비즈니스·경제 시사 상식 해설

목) 기업 한 입 : 특정 기업에 대한 심도 있는 분석

금) 브랜드 한 입 : 특정 브랜드 또는 마케팅 사례 분석

그런데 〈BYTE+〉의 커리큘럼에는 특이한 점이 있습니다. 바로 매주 하나의 주제를 선정한다는 점입니다. 월요일의 DEEP BYTE와 금요일의 브랜드 한 입을 제외한 화~목요일의 콘텐츠는 매주 하나의 주제에 대해 깊이 있는 설명을 제공합니다. 예를 들어 이번 주 주제가 '스마트폰'이라고 하면 마켓 인사이드에서는 스마트폰 시장을 분석하고, 상식 한 입+에서는 스마트폰에 들어가는 반도체인 AP에 대해 설명하고, 기업 한 입에서는 아이폰을 만드는 애플이라는 기업을 분석하는 식입니다. 이를 통해 독자는 스마트폰에 대해 관련 시장도 분석하고, 시사 상식도 얻어가며, 기업 분석까지 얻어갈 수 있습니다. 〈BYTE+〉의 커리큘럼은 어떻게 하면 유료 구독자들이 비즈니스·경제를 더욱 깊이 있게 공부할 수 있을지 고민해서 나온 결과물입니다.

*현재 〈BYTE+〉에서는 매주 하나의 주제를 다루고 있진 않습니다. 이는 독자 설문조사 결과 더욱 여러 주제를 다루는 콘텐츠를 보고 싶다는 의견이 많았기 때문입니다. 이렇듯 뉴스레터의 커리큘럼은 구독자의 니즈에 따라 언제든 바뀔 수 있습니다.

# 기고자와
# 함께하기

〈데일리 바이트〉는 원고를 써 주시는 9명의 에디터와 함께하고 있습니다. 대부분 서울대 재학생 및 졸업생이며, 비즈니스·경제 공부를 즐기는 분들인데요. 이렇게 여러 기고자와 함께 뉴스레터를 만들면 조금 더 수월하게 퀄리티 높은 뉴스레터를 만들 수 있습니다.

기고자는 의뢰 목적에 따라 몇 가지 유형으로 나눌 수 있습니다. 첫 번째는 기고자가 뉴스레터에 네임 밸류(Name Value)를 얹어줄 수 있는 유명한 사람인 경우입니다. 뉴스레터에 신뢰도를 더해줄 수 있는 특정 분야의 전문가이거나, 누구나 알 만한 유명한 사람이 기고자로 참여하면 뉴스레터는 많은 혜택을 볼 수 있겠죠. 그러나 꼭 모든 기고자가 유명한 사람이거나 전문가일 필요는 없습니다. 글을 잘 쓰거나, 콘텐츠를 잘 만드는 친한 친구와 함께해도 충분합니다.

두 번째는 뉴스레터의 정말 팬이었던 구독자가 기고자가 되는 경우입니다. 여러분 뉴스레터의 광팬이라면, 뉴스레터가 다루는 분야에 정말 관심이 많고 전문가일 가능성이 높습니다. 이런 구독자를 기고자로 모셔 온다면 콘텐츠의 퀄리티는 물론이고, 애정 섞인 조언과 함께 뉴스레터를 빠르게 발전시킬 수 있습니다.

마지막으로는 뉴스레터와 함께 성장할 수 있는 기고자입니다. 여러분이 만드는 뉴스레터에 동참해 함께 콘텐츠를 만들며 뉴스레터와 함께 인지도를 얻는 경우인데요. 정말 진심으로 뉴스레터를 좋아하고, 진심인 기고자를 만나면 뉴스레터는 빠르게 성장할 것입니다.

사실 뉴스레터를 처음부터 끝까지 혼자 만들어 발행하는 과정은 굉장히 고됩니다. 콘텐츠도 만들어야 하고, 오타가 없는지 다듬는 과정도 필요하며, 뉴스레터가 전체적으로 매끄럽게 읽히는지, 디자인은 어색하지 않은지 확인하는 것까지 혼자 한다면 하루 24시간이 모자랍니다. 피로가 쌓여 후반으로 갈수록 창작자가 지치면, 제대로 된 퀄리티가 나오기도 힘들죠. 그래서 가능하면 진심을 다해 뉴스레터를 함께 만들 기고자를 구하기를 추천합니다.

기고자와 함께 효율적으로 일하기 위해서, 콘텐츠 제작 포맷을 간단하게라도 만들어두는 것이 좋습니다. 최소한 기고자가 어떤 어투를 써야 하는지, 어떤 사항들을 주의해서 콘텐츠를 만들어야 하는지, 분량은 어느 정도인지 등 기본적인 사항을 정해두면 협업에 도움이 됩니다. 기고자가 자주 바뀌는 경우, 이렇게 만들어둔 콘텐츠 포맷은 콘텐츠의 퀄리티를 일정하게 유지하는 데 크게 기여할 것입니다. 그러나 포맷만 믿고 기고자의 글을 아무런 검수 없이 뉴스레터로 발송하는 것은 금물입니다. 뉴스레터를 발송하기 전, 최종 검수자가 뉴스레터의 가장 첫 단어부터 마지막 단어까지 검수하는 과정을 반드시 거쳐야 합니다.

## 메인 컬러
## 정하기

    뉴스레터를 신문처럼 생각한다면, 아마 흑백으로 인쇄된 신문의 이미지에 익숙할 것입니다. 그러나 뉴스레터는 절대 흑백이어선 안 됩니다. 어떤 앱이든 앱을 상징하는 색상이 하나 있듯, 뉴스레터 역시 뉴스레터를 상징하는 색상이 있어야 합니다. 색 없이 흑백으로만 된 뉴스레터는 특이해서 관심을 받을 순 있어도, 사람들에게 기억되기는 어렵기 때문이죠.

색깔을 활용하는 것은 가장 직관적인 브랜딩 방법 중 하나입니다. 아마 지금까지 책을 넘기면서 〈데일리 바이트〉 뉴스레터 이미지를 몇 개 보았을 텐데요, 〈데일리 바이트〉 하면 어떤 색이 떠오르나요? 이미지를 조금만 유심히 보았다면 아마 선명한 하늘색이 떠오를 겁니다. 인지도 있는 다른 뉴스레터도 살펴볼까요? 국내 뉴스레터 중 구독자 수가 가장 많은 〈뉴닉〉을 상징하는 색이 무엇인지 바로 떠오르시나요? 정답은 주황색입니다. 〈뉴닉〉을 알고 있다면 쉽게 정답을 맞혔을 거라 생각합니다. 이렇듯 뉴스레터가 자신을 상징하는 색을 가지게 되면, 뉴스레터 본문만 보더라도 '아 이거 〈데일리 바이트〉구나!' 하고 알 수 있게 됩니다. 독자들의 무의식 속에서 색깔과 뉴스레터가 연결되는 것이죠.

뉴스레터를 상징하는 색은 뉴스레터의 본문 디자인, 로고, 글씨 색상, 홈페이지 디자인, 캐릭터 등 다양한 곳에 활용할 수 있습니다. 그런데 이렇게 하나의 색상을 다양하게 활용하다 보면, 어느 순간 하나의 색깔만 너무 강조되어 시각적으로 조화롭지 못한 상황을 맞닥뜨리게 될 것입니다. 따라서 색상을 적극적으로 활용한다면 보조색도 2~3개 정도 함께 정해두기를 추천합니다. 보조색은 꼭 1개일 필요는 없으나, 너무 다양하지는 않게 2~3개 정도가 좋습니다.

다시 〈데일리 바이트〉를 예시로 들어볼게요. 〈데일리 바이트〉의 보조 컬러는 약간은 탁한 느낌이 드는 민트색입니다. 〈데일리 바이트〉에

〈데일리 바이트〉 섬네일 이미지

서는 매 뉴스레터의 상단 섬네일에 컬러를 활용하는데, 하늘색만으로는 시각적으로 눈에 잘 띄는 섬네일을 만들기 어렵다고 판단하여 보조색으로 민트색을 활용합니다. 보조색을 사용할 때는 메인 컬러와 어느 정도 통일감이 있으면서, 두 색상을 함께 사용했을 때 시각적으로 편안함을 느낄 수 있는 것이 좋습니다.

## 캐릭터를
## 만들어볼까?

시중의 뉴스레터를 살펴보면 꽤나 많은 뉴스레터에서 캐릭터를 발견할 수 있습니다. 뉴스레터는 캐릭터를 어떻게 활용하고 있을까요?

뉴스레터에서 캐릭터를 활용하는 방법은 크게 2가지입니다. 먼저 캐릭터가 직접적으로 '말을 하지는 않으며', 이미지를 대신해 활용되는 경우인데요. 다시 말해 캐릭터를 디자인 요소로 사용합니다. 〈캐릿〉을 대표적인 사례로 들 수 있는데, 〈캐릿〉의 당근 캐릭터가 말을 하진 않습니다. 다만 뉴스레터 표지 디자인이나 홈페이지에 활용되며 훌륭한 디자인 요소로 기능하고 있죠. 캐릭터를 디자인 요소로 활용하면 부담스럽지 않은 선에서 뉴스레터의 브랜딩을 강화할 수 있다는 장점이 있

〈캐릿〉의 캐릭터 이미지

습니다. 하지만 캐릭터가 디자인에만 활용되는 만큼, 크게 강조되지는 않는다는 단점도 있습니다.

캐릭터가 뉴스레터의 화자, 즉 말하는 주체로 등장하는 경우도 있습니다. 캐릭터가 뉴스레터 독자에게 직접 말을 걸면 캐릭터로 인해 뉴스레터의 브랜딩이 굉장히 강력해지게 됩니다. 뉴스레터를 대표하는 이미지가 캐릭터가 되어버리는 것인데요. 캐릭터의 말투, 분위기와 뉴스레터의 어투, 디자인이 어우러지도록 조정하는 과정이 뒤따라야 합니다. 조금 번거로울 수 있지만 캐릭터와 잘 맞는 디자인과 어투를 잘 정착시키면 다른 뉴스레터와는 확실히 차별화된 브랜딩을 가져갈 수 있습니다. 다만, 과도한 콘셉트로 인해 구독자들이 부담스러워할 가능성도 있습니다.

캐릭터를 만들지 말지는 뉴스레터를 발행하는 창작자 여러분의 선택입니다. 내 뉴스레터가 어떤 이미지로 보이길 원하는지 생각해 보고, 캐릭터를 만들고 뉴스레터에 그려 넣을 능력이 된다면 캐릭터를 만드는 것도 좋습니다. 현실적으로 캐릭터를 만들 여건이 안 된다면 없어도 괜찮습니다. 여러 상황을 고려하여 자유롭게 결정합니다.

필자가 운영하는 〈데일리 바이트〉에는 캐릭터가 등장하지 않습니다. 캐릭터는 십중팔구 귀여운 이미지를 가져가게 됩니다. 그런데 〈데일리 바이트〉는 비즈니스 · 경제 뉴스를 쉽게 정리해 주는 세련되고 똑똑한 브랜딩이 필요했기 때문에 세련미를 부각하는 하늘색과 민트

색을 사용했습니다. 귀여운 캐릭터를 사용하면 독자들의 기억에 남기는 쉬워지겠지만, 세련되고 똑똑한 이미지와는 잘 맞지 않을 것이라고 생각했기 때문에 캐릭터를 만들지 않았습니다. 대신 〈데일리 바이트〉에는 이어서 설명할 '로고'가 있습니다.

## 로고 · 상징물
## 만들기

캐릭터는 있어도 되고, 없어도 된다고 말씀드렸는데요. 로고(Logo)는 반드시 만들기를 추천합니다. 특히나 뉴스레터를 상징하는 이미지 형태의 로고는 꼭 하나 만드는 것이 좋습니다. 단순히 '데일리 바이트(DAILY BYTE)'라는 글씨만 들어간 로고 말고, 한 입 베어 문 도넛 모양 같은 도형 · 이미지 형태의 로고는 꼭 필요합니다.

〈데일리 바이트〉의 도넛 모양 로고

로고는 활용도가 굉장히 높은 디자인 자산입니다. 홈페이지에도, 뉴스레터에도 로고는 정말 다양하게 활용될 수 있습니다. 잘 만든 로

고만 있으면 독자들은 로고만 보고도 여러분이 만든 뉴스레터를 알아보고, 친밀감을 느끼게 될 것입니다.

지금까지 컬러, 캐릭터, 로고를 설명드렸는데요. 3가지 모두 뉴스레터의 '브랜딩'을 위해 필요한 요소입니다. 내 뉴스레터에 뭔가 포인트 하나가 부족하다고 생각된다면, 셋 중 하나는 다시 생각해 봐야 합니다. 특히나 컬러와 로고는 꼭 미리 만드는 것이 좋습니다. 직관적으로 내 뉴스레터를 상징하는 색상이 잘 드러난 로고가 있다면, 브랜딩의 기본은 완성되기 때문입니다.

## 소소한 브랜딩 Tip

뉴스레터에 사용하는 이모티콘이 브랜딩을 도와주는 좋은 무기가 될 수 있습니다. 뉴스레터의 본문 글씨는 검정색인 경우가 많은데요, 검정색 텍스트 사이사이에 들어가는 적절한 이모티콘은 눈에도 잘 띄며 글을 읽는 중간에 눈을 잠시 쉬게 해주는 효과가 있어 가독성에도 도움이 됩니다. 다만 이모티콘이 너무 많으면 주의가 산만해질 수 있으니 한 문단에 이모티콘 1~2개 정도로 적당히 사용하는 것이 좋습니다. 그리고 분위기에 따라 이모티콘을 사용하지 않는 것이 어울리는 뉴스레터도 있으니 충분히 고민하여 이모티콘 사용 여부를 결정합니다.

참고로 〈데일리 바이트〉에서는 본문에 이모티콘을 넣지 않습니다. 본문에서는 간결하게 뉴스 기사에만 집중하길 바라는 의도로 이모티콘을 사용하지 않는데요. 대신 카테고리와 뉴스레터 제목에 이모티콘을 넣어서 뉴스레터가 전체적으로 너무 심심해지지 않도록 신경 쓰고 있습니다.

글을 쓰는 필진이 여러 명인 뉴스레터에서는 글쓴이를 드러내기도 합니다. 글 아래에 글쓴이를 소개하는 코너를 만들거나, 본문의 제목 아래에 글쓴이를 적는 등 다양한 방식으로 글쓴이를 드러낼 수 있습니다. 글쓴이를 드러내면 글쓴이의 브랜딩에 도움이 됩니다. 대중들에게 유익한 콘텐츠를 쓰는 사람이라는 인식이 더해지는 경험은 글을 쓰는

콘텐츠 제공자를 드러내는 뉴스레터 〈어피티〉의 인스타그램

창작자에게 더할 나위 없이 좋은 경험이죠. 또한 독자들은 글쓴이에 대한 간단한 정보를 알게 되어, 콘텐츠와 더욱 가까워지고 콘텐츠에 대한 신뢰도가 높아지기도 합니다. 콘텐츠와 독자 사이의 거리를 좁히고 싶다면, 글쓴이를 드러내는 것을 한번 고려해 보기 바랍니다.

지금까지 뉴스레터를 브랜딩하는 과정을 소개했는데요. 내가 만들고 있는 뉴스레터의 메인 컬러는 잘 정했는지, 로고는 잘 만들었는지 궁금해질 겁니다. 결국은 모든 과정을 끝내고 피드백을 받아보면 내 뉴스레터가 풍기는 이미지가 잘 만들어졌는지 답을 얻을 수 있습니다. 뉴스레터의 정체성이 잘 드러나는지, 의도한 느낌을 독자에게 전달할 수 있는지 끊임없이 고민해 보길 바랍니다.

## 〈스티비〉를
## 고른 이유

　디자인 얘기를 하기 전에, 필자가 뉴스레터를 만든 과정을 잠시 소
개하려 합니다. 〈데일리 바이트〉를 만들기 전에, 카카오톡 오픈채팅방
으로 매일 핵심 뉴스를 짧게 요약해 주는 베타서비스를 운영했습니다.
처음에는 지인들로만 채워졌던 오픈채팅방은 점점 입소문이 나면서
예상했던 것보다 인원이 많아졌는데요. 이때 비즈니스·경제 뉴스를
쉽게 보고 싶어 하는 사람들이 많다는 사실을 체감했습니다. 뉴스를
제대로 전달하는 매체를 만들어야겠다는 생각이 들자, 지금까지 잘 사

용해 왔던 카카오톡의 한계가 보이기 시작했죠. 카카오톡은 채팅 기능이 핵심이라 글이 조금만 길어도 가독성이 급격히 떨어졌습니다. 그래서 뉴스를 조금 더 길게, 아니 아예 분석 기사를 새로 쓴다고 했을 때 독자가 편하게 읽을 수 있는 플랫폼을 찾게 되었죠. 가독성이 좋으면서 콘텐츠를 원하는 대로 디자인할 수 있는 포맷으로는 〈스티비〉가 제격이라고 생각했습니다.

실제로 〈스티비〉를 사용해 뉴스레터를 발행하면서 원하는 포맷으로, 독자가 콘텐츠를 편히 읽을 수 있는 디자인을 찾았습니다. 단순히 블로그를 예쁘게 꾸미는 수준을 넘어, 뉴스레터를 원하는 방향으로 브랜딩하고 뉴스 기사를 〈데일리 바이트〉만의 방식으로 풀어나가는 문법을 만들 수 있게 되었습니다.

창작자 입장에서 뉴스레터를 자유롭게 디자인할 수 있다는 점은 굉장히 중요합니다. 디자인은 뉴스레터의 브랜딩과 직결됩니다. 앞에서 컬러, 캐릭터 등 브랜딩에 필요한 요소들을 소개했는데요, 이러한 디자인 요소들을 아무리 잘 만들어도 자유롭게 활용하지 못하면 뉴스레터의 브랜딩은 약해집니다. 디자인 자유도가 높은 플랫폼에서는 창작자가 자유롭게 디자인 요소를 활용해 뉴스레터를 커스터마이징할 수 있고, 뉴스레터의 브랜딩도 강력해집니다. 〈데일리 바이트〉도 디자인 자유도가 높은 〈스티비〉라는 플랫폼을 만나 지금처럼 세련되고 똑똑한 브랜딩이 가능했다고 생각합니다.

# 주요 뉴스레터 플랫폼의
# 디자인 자유도 비교

### <스티비>

〈스티비〉의 디자인 자유도는 최상입니다. 〈스티비〉는 디자인 솔루션을 만드는 기업인 슬로워크에서 만든 서비스로 태생부터 남다르죠. 따라서 디자인 도구가 굉장히 잘 갖춰져 있습니다. 뉴스레터를 만들 때 제공하는 기본 포맷도 굉장히 다양하며, 완전히 백지 상태에서 뉴스레터를 하나하나 디자인할 수도 있습니다. 심지어 코딩을 할 줄 안다면 html 양식으로 코드를 넣어서 뉴스레터 포맷을 만들 수도 있습니다.

### <메일리>

텍스트가 굉장히 깔끔하게 읽히는 디자인이 특징입니다. 가독성은 좋지만, 아쉽게도 〈스티비〉만큼 자유로운 디자인을 반영하기에는 한계가 있습니다. 특히 〈메일리〉에서는 뉴스레터의 포인트 컬러를 제대로 강조하기에는 약간의 한계가 존재합니다. 콘텐츠의 완성도, 텍스트의 품질로 승부하는 창작자라면 〈메일리〉의 가독성 높은 디자인을 잘 활용해 보는 것도 좋은 방법입니다.

〈메일리〉에서는 특이하게 〈스티비〉나 〈메일침프〉, 브런치 등 외부 사이트에서 제작한 뉴스레터나 콘텐츠를 그대로 가져오는 기능도 지원합니다. 〈스티비〉를 운영하면서 동시에 〈메일리〉를 함께 발행하는 것도 좋은 전략이 될 수 있겠죠? (개인 창작자는 〈메일리〉에서 무료로 뉴스레터를 발행할 수 있습니다.)

**〈글리버리〉**

혹시 〈노션〉이라는 툴을 사용해 본 적 있나요? 〈노션〉은 마크다운(Markdown)이라는 문법으로 글을 작성하는 프로젝트 관리 및 메모 작성 소프트웨어인데요. 〈글리버리〉의 기본적인 디자인은 〈노션〉과 굉장히 유사합니다. 〈글리버리〉 역시 〈메일리〉와 마찬가지로 글쓰기에 특화된 디자인이 특징입니다.

# 〈스티비〉의
# 디자인 강점

〈스티비〉에서 처음 뉴스레터를 만들 때, '템플릿' 코너와 〈스티비〉에서 제공하는 고객 사례(https://gallery.stibee.com/)를 한번 둘러보기를 추천합니다. 템플릿을 둘러보다가 마음에 드는 포맷을 찾았다면 클릭해서 어떻게 만들어졌는지 천천히 둘러봅니다. 여러분의 뉴스레터에는 여러분 뉴스레터만의 브랜딩이 들어가야 하므로 템플릿을 그대로 사용하지는 말고, 레퍼런스를 참고해서 내 뉴스레터는 어떻게 구성할지 간단히 구상하는 단계입니다. 시중의 여러 뉴스레터와 템플릿을 참고해서 내 뉴스레터의 큰 디자인을 그리는 겁니다. 〈스티비〉에서는 뉴스레터의 다양한 디자인을 참고할 수 있도록 사례를 제시해 주기 때문에, 이를 잘 활용하면 유용한 레퍼런스가 됩니다.

〈스티비〉에서 제공하는 템플릿

　　〈스티비〉에서 뉴스레터 작성 화면 오른쪽의 '상자'와 '스타일' 탭이 바로 디자인 도구들이 담겨 있는 공간입니다. '상자'에서는 텍스트, 박스, 구분선, 공백 등 뉴스레터를 구성하는 다양한 요소를 선택할 수 있는데요. 이들을 잘 배치해서 여러분만의 뉴스레터를 디자인하면 됩니다. '스타일'에서는 각 디자인 요소들의 색상, 배경색, 여백 등을 설정할 수 있습니다. 디자인 요소를 내 마음대로 배치하고 각각의 스타일을 설정해서 원하는 디자인으로 뉴스레터를 만들 수 있습니다. 디자인 도구를 다루는 자세한 방법은 다음 파트에서 자세히 다루도록 하겠습니다.

NEWSLETTER

# 광고용 뉴스레터에서
# 중요한 것

0 ♥

## 마케팅 목적의 뉴스레터가
## 가지는 특징

이번 장에서는 마케팅 목적으로 발행되는 뉴스레터에 대해 이야기 하려고 합니다. 마케팅을 목적으로 뉴스레터를 발행하지 않는 창작자 라면 다음 챕터로 넘어가셔도 좋습니다. 다만 회사 마케팅 담당자로서 뉴스레터를 새로운 마케팅 채널로 고려 중인 경우라면 이 챕터에 더 집중해 주세요.

먼저, 마케팅을 목적으로 하는 뉴스레터의 제목 앞에 '(광고)'라는 표시가 붙습니다. 이는 정보통신망법 시행령으로 정해져 있는 사항인데요. 뉴스레터는 예전부터 줄곧 광고 목적으로 사용되곤 했습니다. 그래서 법에서는 뉴스레터라는 매체 자체를 '광고를 목적으로 하는 매체'로 정의합니다. 그래서 공익 목적의 뉴스레터를 제외한 모든 뉴스레터에는 원칙적으로 제목에 '(광고)' 표시를 붙여야 하죠. 게다가 이규칙은 꽤 엄격해서, 제목의 가장 앞에 '(광고)' 표시가 붙어야 합니다. '좋은 상품 하나 소개합니다! (광고)'처럼 제목의 뒤에 광고 표시를 붙이거나, '오늘만(광고)! 꼭 봐주세요'처럼 제목 중간에 넣으면 안 되죠.

마케팅을 목적으로 발행하는 뉴스레터의 제목 앞에는 이처럼 '(광고)' 표시가 붙어야 하는데요. 법으로 양식이 정해져 있다 보니, 이메일 제목이 '(광고)'로 시작하면 광고를 목적으로 하는 스팸메일일 가능성이 높다는 공식이 생기게 됩니다. 따라서 마케팅 목적의 이메일은 자동으로 스팸메일함으로 빠져버릴 가능성이 굉장히 높죠. 게다가 다행히 스팸메일로 분류되지 않더라도, 너무나 잘 보이는 '(광고)' 표시 때문에 독자들이 광고로 치부하고 열어보지 않을 가능성도 높습니다. 이래저래 마케팅 목적의 이메일은 독자에게 도달하기까지가 굉장히 힘든 것이 현실입니다.

# 허들을 넘기 위한
# 감성

독자들에게 도달하기 위한 허들을 모두 넘었다면, 이제 독자들의 클릭을 기다려야 하는데요. 이때 필요한 것이 '감성'입니다. 특히나 마케팅 목적의 이메일은 제목이 정말 중요합니다. 광고인 줄 알면서도 궁금해서 클릭할 수밖에 없는 기가 막힌 제목이 필요합니다. 예를 들어볼까요?

(광고) 혹시 오늘이 무슨 날인지 아시나요?

(광고) 이번 봄을 제대로 즐기기 위한 ○○○!

(광고) 당신이 자도 자도 피곤한 이유!

(광고) 0원에 핫딜 응모하세요

제목들이 어떤가요? 궁금증을 유발해서 한번 클릭해 보고 싶지 않나요? 이렇듯 마케팅 목적의 뉴스레터는 조금은 자극적이고 직접적인 제목으로 클릭을 적극적으로 유도해야 합니다. 궁금증을 유발하거나 뉴스레터를 읽음으로써 얻을 수 있는 혜택을 강조하는 방식이 가장 일반적이죠. 관심을 끌기 위한 지나치게 자극적인 제목은 역효과를 불러일으키기도 하지만, 건강한 방식으로 적당히 관심을 모으는 제목은 높은 오픈율로 이끌어줄 것입니다. 그리고 독자가 이메일을 열어보면, 이제 본게임이 시작됩니다.

# 마케팅 뉴스레터,
# 핵심은 디자인

마케팅 뉴스레터는 다른 어떤 뉴스레터보다도 더욱 통통 튀는 브랜딩이 필요합니다. 조금 과하게 디자인 요소를 넣어서라도 독자의 뇌리에 오래 남아야 하기 때문입니다. 마케팅 뉴스레터는 일반 창작자의 뉴스레터와 달리 독자들이 꾸준히 열독하지 않을 가능성이 높습니다. 첫인상이 중요한 만큼, 강렬한 브랜딩으로 무장한 마케팅 뉴스레터가 살아남을 확률이 더 높아집니다.

마케팅 뉴스레터에서는 정보를 제공하는 글을 쓸 때도 텍스트는 짧게 줄이고, 이미지나 영상 같은 조금 더 자극적인 콘텐츠를 활용하는 것이 좋습니다. 독자들은 이미 마케팅 뉴스레터가 광고인 것을 알고 있기 때문에, 구태여 글을 열심히 읽으려고 하지 않을 가능성이 높습니다. 따라서 이미지나 영상으로 독자의 관심을 조금 더 묶어두는 전략이 좋습니다. 캐릭터와 포인트 컬러 등 지금까지 강조한 디자인 요소도 적극적으로 활용하도록 합니다.

마케팅 뉴스레터는 전체 길이를 짧게 유지하는 것도 중요합니다. 현재 뉴스레터 플랫폼에서는 독자들이 얼마나 시간을 들여 뉴스레터를 읽는지 추적이 불가능한데요. 측정은 안 되지만, 많은 독자들이 굉장히 짧은 시간 뉴스레터를 읽고 '뒤로 가기' 버튼을 누릅니다. 마케팅 뉴스레터의 길이가 조금이라도 길면, 독자들은 정보를 놓치게 됩니다. 마케팅하는 입장에서도, 공들여 만든 콘텐츠가 너무 길어서 독자들이 안 읽고 지나치게 되면 너무 아깝지 않을까요? 그러니 마케팅 뉴스레터는 욕심을 버리고 짧게 구성하는 것이 핵심입니다.

## 마케팅 뉴스레터가 리텐션을 유지하는 방법, 유익함!

리텐션(Retention)이란 뉴스레터를 한번 읽은 독자들을 계속 유지하는 비율을 말합니다. 뉴스레터를 읽은 독자들이 이후에도 꾸준히 뉴스레터를 열어보는 것은 굉장히 중요한데요. 그러나 마케팅 뉴스레터는 광고를 다루는 특성상 한번 읽고 나면 이후에 오는 새 뉴스레터를 다시 열어보기 쉽지 않습니다. 뉴스레터의 장점이 정기적으로 발행되어 독자들을 찾아간다는 것인데, 한 번만 읽고 다시 열어보지 않는다면 뉴스레터의 장점을 제대로 활용하지 못하게 됩니다.

독자들이 뉴스레터를 꾸준히 읽게 하는 가장 큰 무기는 '유익함'입니다. 뉴스레터에 유익한 정보가 담겨 있거나, 좋은 혜택이 포함되어 있다면 독자들은 광고여도 뉴스레터를 꾸준히 클릭하고 정보를 얻어가지 않을까요? 이렇게 독자들이 꾸준히 읽을 수 있는 유인을 만드는 것이 중요합니다. 독자들이 꾸준히 열어보지는 않더라도, 최소한 구독 상태는 유지할 수 있을 정도의 유인은 반드시 있어야 합니다. 구독 상태는 유지되어야 뉴스레터가 독자들에게 도달할 수 있기 때문입니다. 그러니 마케팅 뉴스레터라도 독자가 꾸준히 뉴스레터를 열어 보도록 유익한 정보와 혜택을 가득 담는 일에 집중하는 것이 좋습니다.

이번 장에서 설명한 '감성'과 '유익함'은 일반 뉴스레터에서도 중요하지만, 특히 마케팅 뉴스레터라면 반드시 갖춰야 하는 요소입니다. 내가 만들 마케팅 뉴스레터에 특유의 감성과 유익함이 있는지 미리 점검해 보면 어떨까요?

# Part 3

# 뉴스레터 제작 &
# 발행하기 실전

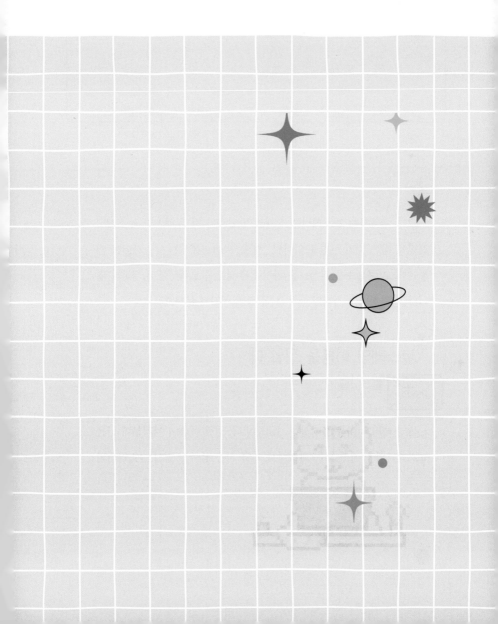

NEWSLETTER

# 뉴스레터
# 이름 정하기

0 ♥

Part 2에서는 뉴스레터를 실제로 발행하기 전 콘텐츠와 뉴스레터 전반에 대한 준비 사항을 알아봤는데요. Part 3에서는 뉴스레터를 직접 만들고 콘텐츠를 작성하는 과정에서 필요한 노하우를 소개하려 합니다. 본격적인 뉴스레터 제작, 지금 함께 시작해 볼까요?

## 뉴스레터 이름을 정할 때
## 고려할 것들

뉴스레터의 이름은 굉장히 중요합니다. 일반 대중이 여러분이 만든 뉴스레터의 독자가 되는 과정에서 제일 처음 접하는 것이 뉴스레터의 이름이기 때문입니다. 이름에서 뉴스레터의 분위기, 트렌디함, 유익함 등 대부분 브랜딩이 어느 정도 결정되기도 하고요. 아직 뉴스레터의 이름을 정하지 못했다면, 이름을 지을 때 고려해야 할 아래 3가지 요소를 참고하여 여러분 뉴스레터만의 멋진 이름을 지어보기 바랍니다.

### ① 특이한 이름을 짓자!

여러분 뉴스레터만의 개성이 담긴 이름이 좋습니다. 이미 있을 법한 뻔한 이름보다는 한 번 들어도 기억에 남는 이름을 이것저것 생각해 보도록 합니다. 뉴스레터라고 해서 꼭 '뉴스'나 '편지', '레터' 같은 이름이 들어갈 필요는 없습니다. 오히려 이름을 처음 들었을 때 다른 무언가가 연상되지 않고, 내 뉴스레터만의 고유명사가 될 수 있는 이름을 고민해 보세요!

### ② 편안하게 발음되는지 점검하자!

뉴스레터 이름으로 고려하고 있는 후보들이 있다면, 소리 내어 발음해 보면서 혹시나 이름을 부르는 것이 어색하진 않은지 점검해야 합니다. 이름이 너무 길거나 발음하기 불편한 부분이 있다면 이름을 수정하는 것이 좋겠죠? 특히 이름이 길거나 2어절 이상으로 구성된다면 독자들이 뉴스레터 이름을 줄여서 부르는 경우도 염두에 두는 것이 좋습니다. 줄여서 불렀을 때 어색한 느낌이 없는지 한번 점검해 보세요.

### ③ 이름에 의미를 담자!

당연한 이야기이지만, 뉴스레터의 이름에는 의미가 담겨야 합니다. 〈데일리 바이트〉를 예로 들어볼까요? DAILY야 매일 뉴스레터를 발행하기 때문에 넣은 이름이고, BYTE에 의미가 담겨 있는데요. 먼저, BYTE는 1byte, 10byte와 같이 쓰이는 컴퓨터 용어로, '정보 저장 용량을 나타내는 최소 단위'입니다. 〈데일리 바이트〉에는 가장 핵심적인 뉴스를, 핵심 내용만 담아 1byte처럼 부담 없이 저장할 수 있게 한다는 의미를 담았습니다. 또한 BYTE는 bite(한 입 베어 물다)라는 영어 단어와 발음이 똑같은 점에 착안하여 비즈니스 뉴스를 매일 한 입씩, 과하지 않게 전달해 준다는 의미를 담았습니다. 〈데일리 바이트〉의 로고가 한 입 베어 문 도넛인 이유이기도 합니다.

이름에는 이렇듯 창작자가 의도한 의미가 담기는 것이 좋습니다. 이름에 담긴 의미를 직관적으로 알기 어렵더라도, 뉴스레터의 이름에 의미가 담겨 있으면 이후 뉴스레터를 소개할 때 이름을 설명하면서 핵심 개념을 전달할 수 있습니다. 의미가 담긴 이름이야말로 여러분 뉴스레터 브랜딩의 핵심입니다.

# 이름을 결정했다면,
# 반드시 '검색'해보기

뉴스레터 구독자는 대부분 네이버나 구글 등 검색 포털에서 유입됩니다. 특히나 뉴스레터 초기 단계에 독자는 아래와 같은 과정을 거쳐서 뉴스레터를 구독하게 되죠.

"○○ 뉴스레터 너무 재미있고 좋은데, 구독해 봐" (지인의 추천)

➡ 구독을 결심하고 검색 포털에 '○○ 뉴스레터' 검색

➡ '○○ 뉴스레터' 구독 홈페이지 발견

➡ 구독

그런데 지인에게서 여러분의 뉴스레터를 추천받은 예비 구독자가 네이버나 구글에서 뉴스레터를 검색했는데 검색 결과 1페이지에 여러분의 뉴스레터가 보이지 않는다면 어떻게 될까요? 기껏 추천을 받고 구독을 결심했던 예비 구독자가 귀찮음을 이기지 못하고 구독을 포기하게 될 것입니다. 이와 같은 사례가 나오면 절대로 안 되겠죠.

그래서 뉴스레터의 이름을 결정했다면, 그 이름을 네이버와 구글에 꼭 검색해 보아야 합니다. 네이버와 구글인 이유는 데이터를 살펴봤을 때 네이버와 구글을 통해서 유입되는 구독자 비율이 가장 높기 때문입니다. 검색 포털에 이름을 검색했는데 여러분의 뉴스레터와 이름이 똑

같은 상품이나 서비스가 있다면? 이름을 바꾸는 것이 좋습니다. 똑같은 이름을 유지한다면 예비 독자들이 뉴스레터를 검색했을 때 이름이 같은 타 상품이 1페이지를 독식할 수도 있습니다. 기존 상품을 여러분 뉴스레터가 넘어서면 상관이 없겠지만, 뉴스레터 발행 초기에는 굳이 불리한 상황에서 시작할 이유가 없겠죠? 이름이 같은 경쟁자가 없도록, 그래서 여러분의 뉴스레터가 검색 결과 1페이지를 당당히 장식할 수 있도록 반드시 미리 점검해 주세요.

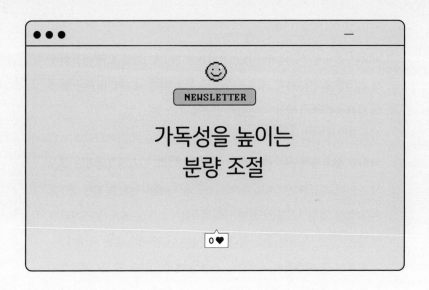

## 독자들의 인풋에는
## 한계가 있다

신문을 본 적 있다면, 99%의 사람들이 신문에 있는 모든 기사를 정독하지 않는다는 것을 아실 겁니다. 아무리 관심 분야의 기사가 많고, 세상 돌아가는 걸 알고자 하더라도 신문에 있는 너무 많은 정보를 100% 소화할 수 있는 사람은 극히 드뭅니다. 신문보다 비교적 가벼운 내용을 다루는 뉴스레터는 가볍게 읽고 넘길 가능성이 더욱 높습니다. 그렇습니다. 내용이 조금만 길어져도, 참을성 있게 뉴스레터에 있는 모든 정보를 전부 흡수하려는 독자는 현저히 줄어듭니다. 게다가 신문은 커다란 종이에 인쇄되지만, 뉴스레터는 PC나 조그마한 모바일 화면에서 독자들을 만나게 됩니다. 신문보다 좁은 지면 때문에 내용이 조금만 길어져도 흔히 말하는 '스크롤 압박'을 느끼게 되죠.

뉴스레터 독자층은 대부분 젊은 세대입니다. 인스타그램에도 릴스가 들어서고 유튜브에서도 유튜브 쇼츠가 나날이 인기를 끄는 등, 젊은 세대는 점점 더 짧은 콘텐츠에 익숙해지고 있는데요. 뉴스레터가 더 짧아지지는 못하더라도, 절대 길어서는 안 됩니다. 젊은 세대가 PC나 모바일 등 제한적인 지면으로 접하는 매체인 뉴스레터는 태생적으로 절대 길어서는 안 되는 매체입니다.

## 길이감을 줄여주는 덩어리화

여러 가지 뉴스레터를 보다 보면 전체 길이가 생각보다 길어 보이는 뉴스레터들이 있습니다. 뉴스레터 한 편에, 여러 개의 콘텐츠가 담겨 있는 뉴스레터도 많죠. 길이가 길다 싶은 뉴스레터를 관찰하면, 대부분 각 콘텐츠들을 시각적으로 확실히 구분해둔 것을 발견할 수 있습니다. 마치 각 콘텐츠가 하나의 덩어리처럼 인식되도록 구성한 것인데요. 구분선이나 박스를 사용해 각 콘텐츠를 명확하게 구분하면, 전체 뉴스레터의 길이가 길더라도 독자가 체감하는 뉴스레터 길이는 훨씬 짧게 느껴집니다. 명확히 구분된 각각의 짧은 콘텐츠를 읽다 보니, 전체 뉴스레터의 길이는 잘 느끼지 못하는 것이죠.

각 콘텐츠를 시각적으로 명확히 나누면 가독성에도 좋은 영향을 줍니다. 만약 똑같은 포맷 안에 검정색 글들이 스크롤을 마구 뛰어넘으며 아래로 쭉 이어진다면 어떨까요? 스크롤을 내려도 내려도 까만 글이 나오면서 시각적으로 굉장히 피로해지겠죠? 내 뉴스레터에 담긴 각 콘텐츠를 독자들에게 제대로 전달하려면, 각 콘텐츠가 시작되는 지점을 명확히 인식시켜야 합니다. 신문에서도 각 기사가 하나의 박스처럼 보이도록 지면을 구성하고, 특별한 코너에는 테두리를 넣는 등 시각적으로 명확히 구분합니다. 이렇게 각 콘텐츠를 시각적으로 명확하게 덩어리화하면 콘텐츠 전달력이 좋아지고, 각 콘텐츠에 확실하게 집중할 수 있는 환경을 만들어줍니다. 명심하세요. 가독성과 전달력 있는 뉴스레터의 시작은 뉴스레터 내부의 각 콘텐츠를 시각적으로 명확하게 나누는 것입니다.

## 전달력 높은 뉴스레터의 구성

혹시 4-chunk 이론에 대해 들어보았나요? 4-chunk 이론에 따르면, 사람은 정보를 습득할 때 최대 4개 덩어리(chunk)의 정보를 습득할 수 있습니다. 4-chunk 이론에 따르면 일반적인 사람은 최대 7개 덩어리까지 정보를 습득할 수 있지만, 정보의 개수가 4개를 넘어가면 정보를 오래 기억하기 어렵다고 합니다.

4-chunk 이론은 뉴스레터에도 적용이 가능합니다. 특히나 정보를 전달하는 뉴스레터라면, 전체 뉴스레터의 구성을 4덩어리 이상으로 쪼개는 것은 좋지 않습니다. 예를 들어 〈데일리 바이트〉에서 정보를 전달하는 파트는 아래와 같이 크게 4개 덩어리로 구성되어 있습니다.

- 종합기사 1
- 종합기사 2
- BYTE+ 콘텐츠 소개
- 뉴스 모아보기

앞뒤 섬네일이나 피드백을 받는 footer 등을 제외하고, 정보를 전달하기 위한 목차는 4개입니다. 종합 기사의 구성도 가급적 4-chunk 구성을 지킵니다. 〈데일리 바이트〉의 종합 기사는 보통 3~4개의 소제목으로 구성하는데요. 해당 이슈에 대해 3~4가지 정보를 제공함으로써 독자들이 핵심적인 정보를 제대로 습득하고 넘어갈 수 있도록 구성했습니다.

각 문단의 길이에 대해서도 얘기하고 넘어가겠습니다. 한 문단의 길이가 너무 길면, 읽지 않고 지나가는 문장이 생기게 됩니다. 또한 모바일로 뉴스레터를 보는 독자에게는 문단이 길어지면 한 문단의 세로 길이가 너무 뚱뚱해집니다. 스마트폰 한가득 한 문단의 텍스트가 들어간다면, 가독성을 크게 해칩니다. 뉴스레터 제작 플랫폼 〈스티비〉를 기준으로 노트북이나 PC로 뉴스레터를 만든다고 가정했을 때 문단은 최대 5줄을 넘기면 안 됩니다. 약 4~5문장 정도 분량인데요, 문장을 줄이고 문단 길이를 최대한 짧게 유지하는 습관을 들이면 그만큼 깔끔한 글을 쓸 수 있다는 장점도 있습니다. 문단 길이는 최대한 짧게 유지하는 것, 잊지 마세요!

　뉴스레터 발행 주기도 전달력에 큰 영향을 줍니다. 만약 뉴스레터에서 매주 100에 해당하는 정보를 전달한다고 가정해 볼게요. 독자들의 평균적인 정보 습득량이 30이라면, 뉴스레터를 주 3회 발행하는 것이 좋습니다. 그래야 매번 뉴스레터에 담기는 정보량이 33 정도로 독자들의 정보 습득량과 큰 차이가 없기 때문입니다. 그러나 뉴스레터에서 매주 200 정도 되는 정보를 전달하려 한다면, 매일 뉴스레터를 발행해야겠죠? 200에 해당하는 많은 정보를 주 3회로 쪼개서 보내면 각 뉴스레터에 70 정도의 정보가 담기게 되고, 뉴스레터가 자칫 엄청 길어질 가능성이 있습니다. 여러분 뉴스레터가 얼마나 많은 정보를 전달하는지 생각해 보고, 적당한 발행 주기를 선택하도록 합니다. 뉴스레터 발행 주기에 정해진 정답은 없으며 뉴스레터를 너무 자주 발행해서 창작자가 지치면 뉴스레터의 완성도에 악영향을 주기 때문에 너무 많은 정보를 전달하겠다는 욕심도 조금은 내려놓는 것이 좋습니다.

　결국 뉴스레터의 분량을 조절하는 핵심 이유는 가독성과 전달력인데요. 뉴스레터의 분량과 관계 없이, 텍스트의 디자인으로 뉴스레터의 가독성을 높이는 방법도 있습니다. 글씨체, Bold(진하게)와 Italicize(기울이기), 밑줄 등의 기능을 적절하게 활용하고 글씨 크기를 잘 조절하면 굉장히 쉽게 읽히는 뉴스레터를 만들 수 있는데요. 가독성과 전달력을 높이는 뉴스레터 세부 디자인은 바로 다음 장에서 알아보겠습니다.

NEWSLETTER

## 가독성을 높이는 뉴스레터 디자인

0 ♥

## 텍스트
## 가독성 높이기

뉴스레터에서 가장 많은 부분을 차지하는 것이 글(텍스트)이 들어
간 본문입니다. 그렇기 때문에 가독성과 전달력을 해치는 대부분의 요
소는 텍스트로부터 나옵니다. 보통 읽기 힘들어하는 글들을 한번 떠올
려봅시다. 가장 대표적으로 가독성이 낮은 글은 문단 구분이 잘 되어
있지 않아 검정색 글씨가 끝없이 이어집니다. 이러면 우리는 '글이 왜
이렇게 많아?' 하면서 글을 제대로 읽지 않게 되죠. 이를 예방하려면
문단 구분을 자주 해주는 것이 좋습니다. 특히나 뉴스레터는 스크롤을

통해 아래로 쭉 콘텐츠가 이어지기 때문에, 보통 아래한글이나 워드에 글을 쓸 때보다 더 자주 문단을 구분해 주는 것이 좋습니다.

〈스티비〉를 기준으로, 글씨 크기가 16px일 때 아무리 길어도 문단이 5줄을 넘어가서는 안 됩니다. 〈스티비〉는 모니터의 크기에 따라 한 줄에 들어가는 글자 수가 조금씩 다른데요. 모니터가 클수록 한 줄에 더 많은 글자가 들어갑니다. 하지만 그 어떤 모니터를 쓰더라도 문단 길이가 5줄을 넘어가지 않도록 하는 것이 좋습니다. 〈스티비〉에는 모바일 화면으로 보기 기능이 있는데요, PC 환경에서는 4줄이었던 텍스트가 모바일 환경에서는 9줄로 바뀝니다. 문단이 길어지게 되면, 모바일에서는 점점 더 답답해지겠죠? 문단 길이는 반드시 짧게 유지해야 합니다.

〈스티비〉의 글씨 크기는 기본 14px로 설정되어 있습니다. 특수한 경우가 아닌 이상, 〈스티비〉가 기본으로 설정해둔 14px보다 작은 글씨로 본문을 작성하는 것은 추천하지 않습니다. 〈데일리 바이트〉는 16px로 기본보다 조금 더 크게 설정했는데요. 초창기에는 14px을 사용했지만, 모바일로 뉴스레터를 볼 때 글씨 크기가 조금 작아 답답하게 느껴진다는 피드백을 몇 번 받았습니다. 그래서 글씨 크기를 16px로 바꿨는데, 그 이후로는 글씨 크기와 관련된 부정적인 피드백을 단 한 번도 받지 않았습니다. 글씨 크기는 14px 또는 16px을 추천합니다.

PC 화면으로 뉴스레터를 본 모습

모바일 화면으로 뉴스레터를 본 모습

　　텍스트에서 가독성을 해치지 않기 위해 가장 중요하게 생각해야 하는 점은 '모바일로 뉴스레터를 읽는 독자에 대한 배려'입니다. 문단을 짧게 유지하는 것도, 글씨 크기를 작지 않게 하는 것도 모두 모바일 유저에게 꼭 필요한 배려입니다. 콘텐츠를 만든 다음에는 항상 모바일 환경을 점검해 보는 습관을 들이도록 합시다.

# 전달력을 높이는
# 뉴스레터 포맷

이번에는 〈스티비〉에서 여러 디자인 요소를 사용해 전달력 높은 뉴스레터 포맷을 만드는 방법에 대해 설명해 보겠습니다. 〈스티비〉의 뉴스레터 작성 화면 우측의 '상자' 탭에는 여러 디자인 요소가 있습니다. 이곳의 여러 디자인 요소들을 사용해서 지금부터 뉴스레터의 전체 프레임을 만들어보도록 하겠습니다.

〈스티비〉의 '상자' 탭에 있는 각종 디자인 요소

## 텍스트 상자 활용하기

먼저 '텍스트' 메뉴를 본문으로 드래그하면 글을 쓸 수 있는 공간이 만들어집니다. 텍스트 상자에서 글을 수정하면 화면 우측에 텍스트 상자의 디자인을 변경할 수 있는 여러 기능이 나타납니다. 텍스트를 2단으로 배치할 수도 있고, 텍스트 상자 내에 이미지나 버튼을 넣을 수도 있죠. 다만 2단으로 구성된 텍스트 상자는 PC에서는 좌우로 배치되지만, 모바일에서는 위아래로 배치되는 점에 주의합니다.

〈스티비〉의 텍스트 상자를 이용한 내용 작성 및 편집

'구성 요소'에 해당하는 텍스트, 이미지, 버튼은 순서를 변경할 수도 있습니다. 또한 텍스트 상자에 '배경색상'을 설정하거나 '배경 테두리'를 넣으면 텍스트 상자 전체가 박스 안에 들어 있는 느낌을 줍니다. 텍스트 박스에 테두리를 둘러놓으면 콘텐츠 간 구분을 명확히 할 때 도움이 되고요. 마지막으로 '상자 여백'을 통해 박스 내 상하좌우 여백을 줄 수 있습니다. 글이 많아 답답한 느낌이 들 때 여백을 조금 넓혀 여유 공간을 만들면 한결 나아집니다.

### 이미지 상자 활용하기

이미지 상자는 사진이 들어간다는 것이 유일한 차이점일 뿐, 앞서 설명한 텍스트 상자와 크게 다르지 않습니다. 이미지는 가로 사이즈가 630px인 사진이 최적이라고 나와 있지만 사실 1,000px이 넘어도 상관은 없습니다. 다만 세로 길이가 가로보다 긴 이미지를 넣을 때는 주의해야 합니다. 이미지가 세로로 너무 길면 모바일 화면에 이미지가 다 담기지 않을 수 있기 때문이죠. 또한 뉴스레터에 세로 이미지를 넣으면 스크롤 압박이 심해지기 때문에 가능하면 가로로 긴 이미지를 활용하는 것이 좋습니다. 또한 특별한 경우가 아니라면 이미지는 뉴스레터의 가로 폭에 꽉 차게 넣는 것이 시각적으로 안정감을 줍니다.

### 구분선 활용하기

구분선은 콘텐츠와 콘텐츠 사이를 구분해 주는 직선입니다. 취향에 따라 실선으로 만들 수도 있고, 점선으로 변경할 수도 있습니다. 선의

〈스티비〉의 구분선 설정 화면

굵기도 변경 가능한데, 선이 가늘면 구분선이 눈에 잘 안 띄어 기능을 제대로 하지 못할 수 있으니 가급적 보통 이상의 굵기로 만들도록 합니다. 구분선의 색상도 자유롭게 변경할 수 있으므로 뉴스레터의 무드에 잘 맞으면서도 눈에 잘 띄는 색을 선택합니다. 구분선 역시 상하좌우 여백을 만들 수 있는데요. 구분선 위아래의 콘텐츠에 어울리게 상하 여백을 설정하면 됩니다.

### 공백 활용하기

공백은 아무런 내용 없이 투명하게 공간을 차지하는 상자인데요. 화면 우측의 노란 버튼을 움직여 공백의 세로 길이를 자유롭게 조절할 수 있습니다. 공백 상자에 배경과 테두리를 넣을 수도 있고요. 공백은 디자인 요소의 상하 여백으로는 만들 수 없는 큰 여백을 만들 수 있습니다. 잘 활용하면 가독성에 굉장히 좋은 영향을 주겠죠?

〈스티비〉의 공백 조절 화면

# 다시,
# 레퍼런스를 보자!

〈스티비〉갤러리(https://gallery.stibee.com/)에서 〈스티비〉로 만든 여러 뉴스레터를 볼 수 있다는 걸 이제 여러분 모두 알고 있습니다. 뉴스레터를 디자인할 수 있게 되었으니 다시 한번 〈스티비〉갤러리에 방문해 볼까요? 이제는 뉴스레터들이 조금 다르게 보일 겁니다. 어떤 디자인 요소를 어떻게 활용해서 만들었는지, 구분선은 어디에 쓰였으며, 배경색을 어떻게 활용하는지 등등, 전에는 몰랐던 디자인의 디테일한 부분들이 보이지 않나요? 이 단계에서는 최대한 많은 레퍼런스(참고 자료)를 보면서 정해진 디자인 요소들을 활용해 어떤 특이한 디자인을 했는지 공부해 봅니다. 다른 뉴스레터를 그대로 따라 하는 것은 안 되지만, 디자인 요소를 어떻게 활용할 수 있는지 그 경우의 수를 최대한 많이 익혀두는 것이 좋습니다. 디자인 요소를 활용하는 다양한 방법을 알아두면 뉴스레터를 디자인할 때 많은 도움이 됩니다.

디자인 요소를 잘 활용해서 뉴스레터의 프레임을 완성했다면, 해당 포맷은 그대로 잘 저장해 둡니다. 뉴스레터를 만들 때마다 만들어 둔 포맷을 그대로 복사하여 새로운 콘텐츠를 채워 넣으면 됩니다. 지금 잠시 책을 덮어두고 여러분만의 뉴스레터 프레임을 만들어보세요!

NEWSLETTER

## PC와 모바일을
## 모두 챙기는 포맷 만들기

0 ♥

## PC와 모바일,
## 둘 다 잡으려면?

    뉴스레터를 보는 전자기기는 크게 PC(태블릿)와 모바일으로 나뉩니다. 거의 모든 사람들이 컴퓨터 또는 태블릿 PC, 스마트폰으로 뉴스레터를 보는데요. 화면이 크고 넓은 PC 환경에서 보는 뉴스레터와, 화면이 작은 모바일 환경에서 보는 뉴스레터는 느낌이 사뭇 다릅니다. PC 환경에서는 아무런 문제가 없는데 모바일 기기로 보면 가독성이 굉장히 떨어지고 답답해 보이는 경우도 가끔 있고요. 그러나 뉴스레터를 PC 버전과 모바일 버전으로 따로 만드는 것은 불가능합니다. 뉴스레터를 만든 후 PC 환경과 모바일 환경에 모두 잘 맞도록 조절하는 수밖에 없죠.

〈스티비〉를 기준으로, 많은 창작자가 PC 환경에서 뉴스레터를 제작합니다. 글을 쓸 때 화면이 넓은 PC를 사용하면 콘텐츠 전체의 흐름을 파악하고 분량을 조절하는 데 유리하기 때문이죠. 사람들 대부분이 컴퓨터의 워드나 한글 프로그램으로 작업하는 데 익숙해서 그런지도 모르겠습니다. 여러분도 일단 PC 환경을 기준으로 뉴스레터를 제작하고, 모바일 환경에서 내가 쓴 뉴스레터가 잘 읽히는지 점검하면 되는데요. 모바일 환경에서 뉴스레터를 보며 아래의 기본적인 사항을 체크하도록 합니다.

♥ **콘텐츠 제목 또는 소제목이 너무 길어서 모바일 환경에서 2줄이 되어버리지 않는가?**

   (2줄로 표시된다면 제목의 길이를 줄이거나, 적정한 위치에 줄바꿈을 넣어 제목이 원래 2줄인 것처럼 만들면 됩니다.)

♥ **모바일 환경에서 문단 길이가 너무 길지 않은가?**

♥ **모바일 환경에서도 이미지가 잘 보이는가? 이미지에 포함된 텍스트가 너무 작아지지 않는가?**

♥ **모바일 환경에서 읽기 불편한 곳이 있는가?**

〈스티비〉에서는 뉴스레터를 만들면서 모바일 환경에서 뉴스레터가 어떻게 보이는지 즉각적으로 점검할 수 있습니다. 다음 이미지의 노란 부분을 클릭해서 PC와 모바일 환경을 넘나들 수 있는데요. 뉴스레터를 쓰는 틈틈이 모바일 환경을 점검하는 습관을 들이면 좋습니다.

모바일과 PC 환경 모두를 점검할 수 있는 버튼

뉴스레터를 다 쓰고 나면 테스트 발송 기능을 이용해서 자신의 이메일 계정으로 테스트 발송을 해봅니다. 발송된 이메일을 휴대폰으로 열어 어색한 부분이 없는지 점검해 보세요. 실제 휴대폰으로 테스트하면 뉴스레터를 끝까지 읽기 위해 스크롤을 얼마나 내려야 하는지, 글씨가 너무 작아 하이퍼링크가 제대로 클릭되지 않는 일은 없는지 등 굉장히 디테일한 부분까지 점검할 수 있습니다. 하지만 뉴스레터를 매번 발송할 때마다 테스트하는 것은 품이 너무 많이 들기 때문에, 뉴스레터 발행 초창기에만 직접 확인해 보면 됩니다.

## PC vs 모바일, 독자들의 선택은?

뉴스레터를 구독하는 구독자가 어느 정도 모이고, 또 뉴스레터를 몇 번 발행하고 나면 구독자들이 주로 어떤 환경에서 뉴스레터를 열람하는지 확인할 수 있는 데이터가 모이게 됩니다. 여러분이 보낸 각 뉴스레터를 클릭해 대시보드 가장 아래로 내려가면 PC와 모바일 열람 비율, 독자들이 주로 사용하는 OS(운영체제), 그리고 지메일과 기타 이메일의 비율 등을 볼 수 있습니다. 파란색이 모바일, 하늘색이 PC 환경이고, 연한 회색이 지메일, 진한 회색이 기타 이메일을 뜻합니다.

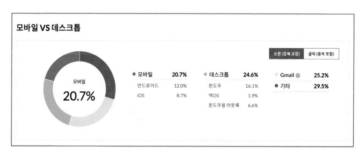

구독자들의 뉴스레터 열람 통계

모바일과 PC 환경에서 보는 독자의 비율이 비슷하다는 사실을 확인할 수 있는데요. 여러분이 만든 뉴스레터의 구독자는 주로 어떤 환경에서 뉴스레터를 열어보는지 확인해 봅시다. 아마 대부분의 경우 모바일과 PC의 비율이 비슷하게 나올텐데요. 혹시 모바일과 PC 환경에서 뉴스레터 디자인이 충돌하게 되면, 어떤 쪽의 비율이 높은지를 참고해서 디자인을 선택하면 됩니다. PC 환경에서 뉴스레터를 읽는 독자가 많다면, PC를 기준으로 디자인하는 식으로요.

이메일 기준으로는 지메일과 기타 이메일로 나뉘는데, 기타 이메일의 대부분은 네이버라고 볼 수 있습니다. 사실 뉴스레터를 지메일에서

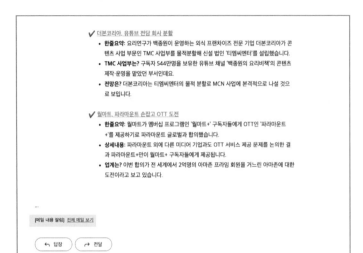

✓ 더본코리아, 유튜브 전담 회사 분할
  • **한줄요약:** 요리연구가 백종원이 운영하는 외식 프랜차이즈 전문 기업 더본코리아가 콘텐츠 사업 부문인 TMC 사업부를 물적분할해 신설 법인 '티엠씨엔터'를 설립했습니다.
  • **TMC 사업부는?** 구독자 544만명을 보유한 유튜브 채널 '백종원의 요리비책'의 콘텐츠 제작·운영을 맡았던 부서인데요.
  • **전망은?** 더본코리아는 티엠씨엔터의 물적 분할로 MCN 사업에 본격적으로 나설 것으로 보입니다.

✓ 월마트, 파라마운트 손잡고 OTT 도전
  • **한줄요약:** 월마트가 멤버십 프로그램인 '월마트+' 구독자들에게 OTT인 '파라마운트+'를 제공하기로 파라마운트 글로벌과 합의했습니다.
  • **상세내용:** 파라마운트 외에 다른 미디어 기업과도 OTT 서비스 제공 문제를 논의한 결과 파라마운트+만이 월마트+ 구독자들에게 제공됩니다.
  • **업계는?** 이번 합의가 전 세계에서 2억명의 아마존 프라임 회원을 거느린 아마존에 대한 도전이라고 보고 있습니다.

...

[메일 내용 잘림] 전체 메일 보기

← 답장     → 전달

지메일에서 뉴스레터 내용이 잘리는 현상

보는 것과 네이버 같은 다른 이메일 서비스에서 보는 것에는 큰 차이가 없습니다. 그러나 지메일은 뉴스레터가 너무 길어지면 내용이 잘리는 현상이 발생합니다.

클릭 한 번이면 전체 뉴스레터 내용을 볼 수 있으므로 크게 불편한 사항은 아니지만, 혹시나 신경이 쓰인다면 지메일 계정으로 테스트 발송을 해서 길이가 잘리는지 확인해 보는 것이 좋습니다. 뉴스레터를 처음 발행한다면 지메일과 네이버 이메일로 모두 테스트 발송을 하고 둘을 비교해 보는 것도 좋은 방법입니다. 대부분의 경우 둘의 차이점은 없지만, 국내에서 가장 많이 사용되는 이메일 서비스인 만큼 만에 하나 에러가 나는 상황에 대비하기 위함입니다.

NEWSLETTER

# 내용을 담는 나만의 틀, '문체' 정하기

0 ♥

## 목적과 브랜딩에 어울리는 문체 정하기

　뉴스레터에 어떤 내용을 담을지 정한 다음에는 내용을 가장 효과적으로 전달할 수 있는 문체를 정해야 합니다. 뉴스레터에 담을 내용을 음식에 비유한다면, 문체는 내용을 잘 담아내고 더 돋보이게 해주는 그릇과도 같죠. '그냥 내가 편한 말투로 쓰면 되는 거 아냐?'라고 생각할지도 모르지만, 문체 역시 뉴스레터 브랜딩의 중요한 부분을 차지하기 때문에 충분히 고민하여 전달하려는 내용과 잘 어울리는 문체를 선택해야 합니다. 뉴스레터를 몇 차례 발행하고 구독자도 늘어난 후에는 문체를 바꾸기 쉽지 않으므로 애초에 뉴스레터를 기획할 때 어떤 문체를 사용할지 세심하게 정하는 것이 좋습니다.

그렇다면 목적에 부합하는 문체란 무엇일까요? 뉴스레터의 목적이 복잡한 시사 사건을 쉽게 설명하는 것이라고 가정해 보겠습니다. 그렇다면 당연히 한자어를 배제하고 최대한 일상적인 어투를 활용하는 게 좋겠죠. 문장도 길게 이어 쓰기보다는 전반적인 흐름이 잘 드러나도록 여러 개로 쪼개는 편이 좋을 것입니다. 복잡한 시사 사건을 쉽게 설명한다면서 어려운 개념이나 용어를 그대로 사용하면 원하는 목적을 달성하기 어렵겠죠? 애초에 뉴스레터라는 매체는 신문과 달리 구독자들의 체류 시간이 길지 않다는 점도 고려할 필요가 있습니다.

브랜딩 역시 문체를 선정할 때 반드시 고려해야 할 요소입니다. 앞서 살펴봤듯 브랜딩은 뉴스레터 기획에서 매우 중요한 단계인데요. 발행할 뉴스레터가 구독자에게 어떤 방식으로 받아들여질지가 브랜딩에 의해 결정되기 때문입니다. 브랜딩의 콘셉트가 '쉽고 친근함'이면 당연히 말투도 그에 어울리게 친근한 대화체여야 하고, 콘셉트가 '전문적'이면 말투는 너무 가볍지 않은 편이 좋겠죠. 이렇듯 뉴스레터의 문체는 뉴스레터를 발행하는 목적과 뉴스레터 자체의 브랜딩에 잘 맞아야 합니다. 뉴스레터의 목적과 브랜딩, 형식이 하나로 조화를 이룰 때 독자들이 어색함을 느끼지 않고 뉴스레터를 꾸준히 읽어갈 수 있게 됩니다. 이제 구체적으로 어떤 말투를 쓰는 것이 좋을지 함께 살펴보겠습니다.

# 구어체 vs 문어체?
# 존댓말 vs 반말?

문체를 정하는 과정에서 맞닥뜨리는 고민이 바로 '어떤 말투를 써야 할까'입니다. 자연스럽게 대화하듯 구어체로 써야 할지, 그래도 글이니 문어체로 써야 할지 고민이 됩니다. 친근하게 보이기 위해 반말을 쓰는 게 좋을지, 고객들에게 보내는 것이니 존댓말을 쓰는 게 나을지도 고민되죠. 물론 '어떤 어투가 더 적절할까?'라는 질문에 딱히 정해진 답은 없습니다. 앞서 말했듯 내가 전달하려는 내용에 어떤 어투가 더 잘 어울리는지를 생각해 보면 됩니다. 그래도 인기 있는 뉴스레터들을 살펴보면 어느 정도의 경향성은 있는 편입니다. 가령 문어체보다는 구어체가 더 자주 활용되고, 존댓말을 사용하되 격식체와 비격식체가 함께 쓰이곤 하죠. 아래 문장을 살펴볼까요?

📜 신문 기사 예시
▷ 4일 미국 연방준비제도가 기준금리를 0.5%P 인상하는 '빅스텝'을 단행했다. 최근 미국의 소비자물가지수가 급등하는 등 인플레이션이 심화되고 있기 때문이다.

📜 뉴스레터 예시
▷ 어제 미국의 중앙은행인 연방준비제도가 기준금리를 0.5%P 올렸어요.

요즘 미국 물가가 너무 빠르게 올라가고 있기 때문이죠.

▷ 어제 미국의 중앙은행인 연방준비제도가 기준금리를 0.5%P 올렸습니다. 최근 미국 내 물가가 너무 빠르게 올라가고 있기 때문이에요.

▷ 어제 미국의 중앙은행인 연방준비제도가 기준금리를 0.5%P 올렸어요. 요즘 물가가 너무 빨리 올라 어쩔 수 없이 평소보다 많이 올렸다고.

　신문 기사 예시에서는 문어체를 사용하여 문장이 일괄적으로 '~다'로 끝나죠? 또 '인상', '단행', '심화'와 같이 일상 대화에서는 잘 쓰지 않는 한자어를 사용하고 있어요. 반면, 뉴스레터에서 주로 쓰는 문장들을 보면 모두 글을 쓰는 듯한 어투가 아니라, 누군가에게 이야기해 주는 듯한 구어체로 쓰인 것을 확인할 수 있습니다. 문어체는 신뢰감 있는 느낌을 주고, 이미 글에 쓰인 개념을 잘 아는 사람들에게는 가독성이 매우 높은데요. 하지만 해당 내용을 잘 모르는 사람들이 보면 이해하는 데 어려움을 겪을 수도 있고, 딱딱하다는 느낌을 받기 쉽습니다.

　보통 뉴스레터는 보다 많은 사람들에게 시사 뉴스, 자사의 서비스 등을 쉽고 친근하게 설명하기 위해 발행하는 경우가 많기 때문에 대화를 건네는 듯한 구어체가 좀 더 많이 활용되곤 합니다. 그러므로 한자어나 어려운 개념들은 웬만하면 쉽고 평이한 말로 풀어서 쓰는 것이 좋습니다. 신문 기사는 내용을 최대한 정확하게 전달해야 하므로 기존에 통용되는 개념어들을 그대로 쓰는 것이 더 적절하겠지만, 뉴스레터는 독자 또는 고객에게 한 발짝 더 다가가는 것이 목적이므로 격식은 약간 포기하더라도 '술술 잘 읽히는' 형식을 택하는 편이 낫죠.

물론 구어체에도 다양한 형태가 존재합니다. '~습니다'로 끝나는 매우 공손한 하십시오체도 있고, '~해요'로 끝나는 친근한 해요체도 있죠. 앞에서 언급한 뉴스레터 작성 예시를 보면 여러 가지 어투를 섞어 쓰고 있는데요. '~했습니다'로 끝나는 문장의 다음 문장은 '~죠'나 '~요'로 끝나는 식이죠. 통일감을 주기 위해 같은 어투를 계속 사용하는 것이 좋지 않을까 싶기도 한데요. 하지만 같은 어미가 계속 반복되면 독자 입장에서 어색하고 지루한 느낌이 들기 쉽습니다. 그래서 인기 뉴스레터 대부분은 다양한 느낌의 어투를 함께 사용합니다.

정리해 보면, 인기 뉴스레터는 일반적으로 문어체보다 구어체를, 하나의 어투보다는 다양한 어투를 섞어서 사용하는 경우가 많습니다. 다만, 앞서 언급했듯 목적과 브랜딩에 따라 다른 어투가 더 적합할 수도 있으니, 하나의 공식으로 받아들이기보다는 '많은 뉴스레터들이 이렇게 하고 있다더라' 정도로 참고하도록 합니다.

## 나만의 '오리지널 문체' 개발하기

인기 있는 뉴스레터들은 앞서 언급한 문체 외에도 브랜딩에 맞는, 오리지널한 문체를 개발해서 사용하기도 해요. 대표적인 시사 뉴스레터 〈뉴닉〉은 '고슴체'라는 독창적인 문체를 사용하여 자사의 브랜딩을 구독자들에게 각인시키고, 귀엽고 친근한 느낌을 주는 데 성공했

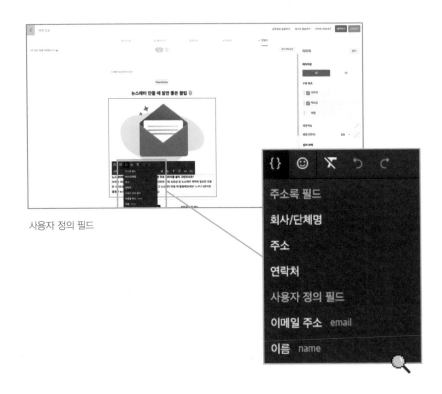

사용자 정의 필드

죠. 〈뉴닉〉은 귀여운 고슴도치 캐릭터가 시사 이슈를 쉽게 풀어 설명해 주는 형식을 취하고 있는데요. 고슴도치 브랜딩을 최대한 활용하기 위해 '~했음' 대신 '~했슴'을 어미로 사용해 좀 더 귀엽고 친근한 말투로 구독자에게 다가갑니다. 오리지널 말투의 장점은 뉴스레터의 브랜딩을 구독자들에게 반복적으로 인식시킬 수 있고, 다른 뉴스레터와 차별화되는 포인트가 생긴다는 것인데요. 〈뉴닉〉은 특히 〈스티비〉의 '구독자 이름 넣기' 기능을 활용해 구독자 개개인과 대화하는 듯한 느낌을 극대화합니다.

아래 화면과 같이 '[ ]'을 클릭하면 나오는 '사용자 정의 필드' 목록에서 이름을 선택하면 제목은 물론 뉴스레터 본문에도 각 구독자의 이름(닉네임)을 입력할 수 있습니다. 〈뉴닉〉은 뉴스레터를 시작할 때 구독자들의 이름을 자체 구독자 호칭(뉴니커)과 함께 불러줌으로써 브랜딩과 소속감을 강화합니다.

〈뉴닉〉이 소속감을 강조하기 위해 구독자들의 이름을 개별적으로 불러주는 방식을 택했다면, 〈데일리 바이트〉는 많은 사람이 이 뉴스레터를 읽고 있다는 점을 부각하기 위해 다수의 독자를 상정한 표현을 사용하는 편이에요. '구독자 여러분' 혹은 'BYTEE(〈데일리 바이트〉 구독자 호칭) 여러분'과 같은 호칭을 사용하죠. 이렇게 뉴스레터를 발행할 때 기획한 브랜딩에 따라 자체적인 말투나 문체를 사용할 수 있는데요. 중요한 것은 무작정 특이한 말투를 사용하는 것이 아니라, 어떻게 하면 브랜딩과 가장 잘 맞는 말투를 발굴하느냐입니다. 문체가 독특해도 뉴스레터의 브랜딩과 큰 연관이 없다면 구독자들이 어색하게 느끼겠죠?

NEWSLETTER

# 마지막 발행 전
# 이건 꼭 체크하자!

0♥

　　뉴스레터를 어떻게 발행할지 기획도 마쳤고 원고도 준비되었다면, 마지막으로 점검할 차례입니다. 무턱대고 발행하기보다는 직접 만든 뉴스레터가 독자들에게 어떤 모습으로 보일지 확인해 보는 것이 좋겠죠? 앞서 얘기했듯 많은 사람들이 웹뿐만 아니라 모바일로 뉴스레터를 확인하기 때문에 웹과 모바일 환경 모두에서 뉴스레터가 어떻게 발행되는지 미리 점검해야 합니다. 그리고 바로 대중에게 공개하기보다 주변 지인들에게 먼저 보여주어 내용과 분량은 적절한지 의견을 들어보는 게 좋고요. 일단 뉴스레터를 발행하기 시작하면 구독자들의 피드백도 무척 중요한데요. 이번 챕터에서는 뉴스레터를 발행하기 전 유의해야 할 사항들, 그리고 뉴스레터를 발행하기 시작한 후 체크해야 할 사항들을 정리해 보겠습니다.

# 모바일 환경을 꼭 확인하자

일반적으로 뉴스레터 구독자 수가 충분히 늘어나면 뉴스레터를 웹으로 확인하는 사람과 앱으로 확인하는 사람의 비율이 약 5:5로 수렴하게 됩니다. 뉴스레터마다 조금씩 차이는 있지만, 핸드폰으로 이메일 뉴스레터를 확인하는 사람들이 생각보다 많습니다. 그래서 뉴스레터를 발행할 때는 웹으로 보는 구독자뿐만 아니라, 모바일 구독자도 꼭 고려해야 합니다.

〈스티비〉는 편집 창의 기본 설정이 웹을 기준으로 되어 있지만, 맨 위 툴바의 휴대폰 아이콘을 클릭하면 모바일 환경에서 편집할 수 있습니다. 원고를 작성할 때는 웹 기준으로 편집하는 것이 편리하므로 편집을 마친 후 툴바의 모바일 아이콘을 누르면, 모바일 환경에서 뉴스레터가 어떻게 보이는지 확인할 수 있습니다. 웹에서는 그리 길어 보이지 않던 문단도 모바일로 보면 무척 길게 느껴질 수 있기에, 꼭 모바일 환경을 기준으로 전체적인 분량을 확인해 봐야 합니다. 일반적으로 글자 크기가 16px이라면 웹을 기준으로 단락당 최대 5줄을 넘지 않는 것이 좋습니다. 5줄을 넘어가면 모바일에서 문단 길이가 매우 길어져 집중력이 분산될 수 있기 때문이죠. 항상 모바일 환경도 함께 고려하여 전반적인 분량을 적절하게 조절할 필요가 있습니다.

영국의 7월 소비자물가지수 상승률이 10.1%를 기록했습니다. 이는 40년 만에 가장 높은 수치인데요. 치솟은 에너지 가격과 식품 가격 때문입니다. 영국중앙은행은 올가을 영국의 물가 상승률이 13%에 달할 수 있다고 경고했습니다.

오늘은 윤석열 정부의 새 부동산 정책과 미국 인플레이션 감축법에 대한 소식을 준비했는데요. 990원으로 '금리'의 모든 것을 정리할 수 있는 **BYTE 990원 한입 경제 - 금리편**과 6,000명이 보고 있는 **실시간 뉴스 오픈채팅방**(입장코드 bytenews)도 놓치지 마시고요 🙏

— Jay, June, Huni, Ari, Erin, Lucas

영국의 7월 소비자물가지수 상승률이 10.1%를 기록했습니다. 이는 40년 만에 가장 높은 수치인데요. 치솟은 에너지 가격과 식품 가격 때문입니다. 영국중앙은행은 올가을 영국의 물가 상승률이 13%에 달할 수 있다고 경고했습니다.

오늘은 윤석열 정부의 새 부동산 정책과 미국 인플레이션 감축법에 대한 소식을 준비했는데요. 990원으로 '금리'의 모든 것을 정리할 수 있는 **BYTE 990원 한입 경제 - 금리편**과 6,000명이 보고 있는 **실시간 뉴스 오픈채팅방**(입장코드 bytenews)도 놓치지 마시고요 🙏

— Jay, June, Huni, Ari, Erin, Lucas

PC 화면 버튼

모바일 화면 버튼

# 지인들에게
# 꼭 미리 돌려보자

    뉴스레터를 발행하게 되면 구독자에게 바로 메일을 전송하지 말고 먼저 지인들에게 원고에 대한 전반적인 검토를 요청하는 것이 좋습니다. 뉴스레터를 작성하면서 눈치채지 못했던 실수나 어색한 부분을 체크해 줄 수 있기 때문인데요. 〈스티비〉에서는 정식 발행 전 특정 이메일 주소로 테스트 발송을 해볼 수 있습니다. 화면 우측 상단의 '테스트 발송하기' 버튼을 누르면 테스트 발송을 받아볼 이메일을 입력하는 칸이 나옵니다. 이곳에 이메일 주소를 입력하면 테스트 메일이 발송됩

정식 발행 전 전반적인 검토에 유용한 '테스트 발송하기' 메뉴

테스트 발송할 이메일 입력 화면

니다.

　지인들에게 검토를 부탁할 때는 자잘한 오타보다는 전체적으로 분량은 괜찮은지, 내용은 흥미로운지, 가독성은 괜찮은지 등을 물어보는 것이 좋습니다. 가장 중요한 것은 '읽기 싫은 느낌이 들지 않는 것'입니다. 한 단락이 너무 길거나, 뉴스레터의 전체 길이가 너무 길면 끝까지 읽기 싫겠죠. 또, 뉴스레터에 강조 표시가 없거나 색상 구성이 너무 단조로운 경우에도 가독성이 떨어질 수 있습니다. 중요한 내용에 볼드 표시를 하고, 브랜딩에 사용된 색깔을 본문에도 적절하게 사용한다면 가독성을 높이는 데 도움이 되겠죠?

지인들의 검수까지 마쳤다면 이제 뉴스레터를 발행할 준비는 다 됐습니다. 하지만 여기서 끝이 아니죠. 일단 발행하고 나면 구독자의 피드백을 받아야 합니다. 사람마다 보는 눈이 모두 다르고, 본인이나 지인이 생각하지 못했던 부분까지 지적을 받을 수 있기 때문입니다.

## 구독자의
## 목소리 듣기

뉴스레터를 발행한 후에는 구독자들의 피드백을 받는 것이 매우 중요합니다. 아무리 신중하게 기획한 뉴스레터라도 구독자들이 실제로 원하는 것은 다를 수 있기 때문이죠. 〈데일리 바이트〉도 구독자의 피드백을 반영하면서 뉴스레터의 형태나 내용이 초기와는 많이 달라졌는데요. 초기에는 최대한 많은 내용을 알차게 담고자 글씨 크기가 작고 문단 길이가 길었습니다. 하지만 글씨 크기가 작아 읽기 어렵다는 반응이 많았고, 문단 길이가 길어서 읽다 말게 된다는 지적도 많았죠. 글씨 크기를 키우고 전반적인 길이는 줄이는 방식으로 뉴스레터의 형식을 개선한 후에야 가독성이 높아졌다는 평가를 받을 수 있었습니다.

뉴스레터를 발행하다 보면 어떤 소재로 글을 써야 구독자들의 리텐션(재방문율)도 높아지고, 새로 구독하는 사람들도 늘어날까 고민이 많아지는데요. 이때 구독자의 피드백을 참고하면 보다 '많이 읽히는' 글을 쓸 수 있습니다. 발행하는 사람이 관심 있는 분야와 뉴스레터를 구

뉴스레터 하단의 필수 사항, 피드백 버튼

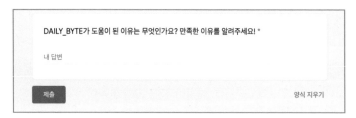

피드백 버튼을 누르면 연결되는 외부 설문지

독하는 사람들이 듣고 싶어 하는 이야기에는 차이가 있을 수 있기 때문인데요. 항상 '쓰고 싶은 글'이 아니라 '읽고 싶은 글'을 써야 한다는 사실을 기억하도록 합니다.

그렇다면 〈스티비〉에서는 어떻게 구독자의 피드백을 받을 수 있을까요? 사실 〈스티비〉에는 자체적으로 제공하는 피드백 기능이 따로 없습니다. 그래서 구글이나 네이버 설문지를 활용하는 방법이 있는데요. 뉴스레터 하단에 피드백 버튼을 만들고, 만들어둔 외부 설문지를 링크로 걸면 쉽게 설문에 대한 답변을 받을 수 있습니다. 구독자들의 반응을 참고하여 뉴스레터를 꾸준히 개선해 나간다면, 보다 많은 사람들을 만족시키는 뉴스레터를 만들 수 있겠죠?

# Part 4

# 구독자 수를 늘릴 수 있는
# 모든 방법

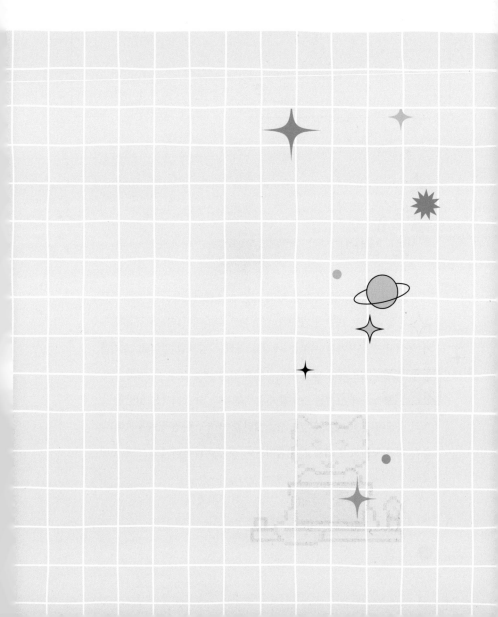

## 구독자
## 애칭 정하기

〈데일리 바이트〉를 포함해, 인기 있는 뉴스레터들은 구독자를 부르는 호칭을 정하는 경우가 많습니다. 유튜브 크리에이터들이 구독자 수가 늘어나면 구독자를 부르는 애칭을 정하는 것처럼 말이죠. 호칭을 정해 부르면 뉴스레터 발행자와 구독자 간의 벽을 낮출 수 있을 뿐만 아니라, 구독자가 느끼는 소속감이 높아집니다. 뉴스레터는 일방향 소통의 성격이 강한 매체입니다. 뉴스레터를 보내고 나면 구독자들의 반응을 직접 확인하기 어렵고, 구독자들이 댓글로 소통하기도 어렵기 때문이죠. 구독자 호칭을 사용하면 이런 문제를 완전히는 아니더라도 어느 정도 극복할 수 있다는 장점이 있습니다. 독자들이 여러분들의 뉴스레터 구독자 중 한 명이라는 인식을 주며, 소속감을 느끼게 하는 것이죠.

구독자 호칭은 보통 뉴스레터의 브랜딩을 활용해 짓는 것이 일반적인데요. 구독자 호칭을 사용해 구독자들의 소속감을 높이는 데 성공한 대표적인 사례가 바로 시사 뉴스레터 뉴닉입니다. 〈뉴닉〉은 귀여운 고슴도치 캐릭터인 '고슴이'가 구독자인 '뉴니커'들에게 시사 이슈를 쉽게 설명해 주는 형식을 취하고 있습니다. '뉴니커'라는 이름을 불러줌으로써 〈뉴닉〉이라는 브랜드를 구독자들에게 각인시킬 뿐만 아니라, 뉴스레터를 읽는 사람들은 모두 '뉴니커'라는 소속감까지 줄 수 있는 것이죠. 〈데일리 바이트〉 역시 'BYTEE'라는 호칭을 사용해 구독자들과 소통하고 있습니다. 뉴스레터의 이름이나 구독자의 특징, 뉴스레터의 캐릭터 등을 활용해서 독자의 애칭을 정해 보도록 합니다.

## 구독자
## 이름 부르기

〈스티비〉를 기준으로, 뉴스레터 구독 신청을 할 때 이메일 주소 외에 이름(닉네임)을 입력할 수 있습니다. 구독자가 스스로 닉네임을 정해서 구독하면 뉴스레터에서 구독자의 이름을 부를 수 있습니다. 〈스티비)에서는 뉴스레터 제목이나 본문에 '$%name%$'이라는 코드를 입력하면 해당 코드를 자동으로 인식해 구독자가 최초로 설정한 이름으로 바뀌어 출력됩니다. '홍길동'이라는 이름으로 구독한 구독자의 뉴스레터에서는 해당 부분이 '홍길동'으로 보이고, '손오공'이라는 이름으로 구독한 구독자의 뉴스레터에서는 '손오공'으로 보이게 되죠. 마찬가지 원리로 '$%email%$'을 입력하면 해당 부분은 구독자의 이메일로 바뀝니다.

앞서 언급한 바와 같이 뉴스레터는 일방향적 소통이 강한 매체입니다. 창작자가 다수의 구독자에게 일방적으로 보내는 매체라는 걸 구독자 모두가 알고 있죠. 그런데 일방적으로 발송되는 뉴스레터가 내가 설정한 이름으로 커스터마이징이 되어서 온다면 굉장히 반갑지 않을까요? 나만을 위해 신경 써서 뉴스레터를 만들었다는 느낌까지 받을 수 있을 것입니다. 독자들이 친근하게 느끼는 뉴스레터는 매력적인 뉴스레터로 성장할 가능성도 당연히 높아집니다.

참고로 홈페이지에 뉴스레터 아카이빙을 해두면 개인 이메일에서 보던 것처럼 독자의 이름이 나올 수 없습니다. 누가 이 링크를 열어보는지 모르기 때문인데요. 이 경우 독자 이름을 입력한 '$%name%$' 부분은 빈칸으로 출력됩니다. 웹페이지에서 보는 뉴스레터에 '$%name%$'처럼 특이하게 생긴 코드가 들어가서 가독성을 해치는 경우는 없으니 안심해도 됩니다.

# 독자에게
# 피드백 받기

구독자 친화적인 뉴스레터를 만들려면 뉴스레터에 반드시 구독자 피드백 항목을 만들어야 합니다. 피드백은 구글폼이나 네이버 설문 등 자주 사용하는 설문조사 툴로 제작하면 되는데요, 구독자의 눈에 띄는 곳에 피드백 버튼을 만들면 됩니다.

구독자 피드백을 만들어두면 두 가지 효과를 얻을 수 있습니다. 첫 번째는 당연히 구독자로부터 정확한 피드백을 받을 수 있다는 점인데 요. 일례로 〈데일리 바이트〉에서는 '긍정적 피드백'과 '부정적 피드백'을 나눠서 받습니다. 단순히 '피드백을 해주세요'라고 하는 것보다 잘하고 있는 부분과 개선이 필요한 부분을 구분해서 파악하기 위해 두 피드백을 나눠두었는데요. 실제로 긍정의 피드백에서는 정말 많은 감

눈에 띄는 곳에 피드백 버튼 꼭 넣기!

사와 응원을 받고 있습니다. 긍정의 피드백을 보면서 뉴스레터를 계속 만들어나갈 동기부여를 정말 많이 받았죠. 부정의 피드백에서는 뉴스 레터에서 개선해야 할 부분, 가끔 있는 오타 등등을 체크할 수 있습니다. 정확하게 어떤 부분이 불편한지 구독자에게 얘기를 듣고 개선하는 것만큼 확실한 피드백은 없으니 두 피드백을 잘 활용하기 바랍니다.

두 번째 효과는 구독자에게 '소통을 잘하는 뉴스레터'라는 인식을 줄 수 있다는 점입니다. 피드백 버튼을 만들어두고, 하나하나 놓치지 않고 읽으면 실제로 소통을 잘하는 것이기도 하죠. 구독자는 피드백 창구를 통해 뉴스레터에 개선 사항을 건의하기도 하고, 응원의 메세지를 보내는 등 창작자와 소통할 수 있습니다. 당장 소통하지 않더라도 매 뉴스레터마다 탑재되어 있는 피드백 버튼은 '언제든 뉴스레터 창작자와 소통할 수 있다'는 인식을 줍니다. 자연스럽게 언제든 소통에 열려 있는 뉴스레터라고 인식하게 되겠죠?

소통을 더욱 활성화하려면 실제 피드백을 뉴스레터 하단에 넣는 것도 좋은 방법입니다. 독자로부터 받은 정성 어린 응원의 한마디를 다른 독자들도 볼 수 있도록 공유하는 것이죠. 이를 읽은 독자들은 '다른 독자들이 이렇게 만족할 만큼 재미있고 유익한 뉴스레터구나' 하고 생각하게 됩니다. 또한 본인이 보낸 피드백이 뉴스레터에 올라온 걸 본 구독자는 뉴스레터 창작자가 실제로 피드백을 봤음을 확인할 수 있죠. 단순한 피드백 버튼 하나로도 이렇게 독자와의 관계를 강화할 수 있습니다. 단, 실제 독자의 피드백을 올릴 때는 익명을 지켜야 합니다.

정리하자면, 독자 친화적인 뉴스레터를 만드는 핵심은 '소통'입니다. 창작자가 일방적으로 발행하여 독자의 이메일함에 들어가는 뉴스레터의 특성상 소통 구조를 만들기란 정말 쉽지 않습니다. 하지만 독자의 이름을 불러주거나, 피드백 설문을 통해 간단하게 소통하기만 해도 독자 입장에서는 충분히 매력적인 뉴스레터라는 인상을 받게 됩니다. 앞서 소개한 내용 외에도, 우리 구독자와 더욱 깊이 소통할 수 있는 방법에 대해 고민해 보도록 합니다.

## 뉴스레터에도
### KPI(핵심성과지표)가 있을까?

뉴스레터 발행에는 각자의 목적이 있기 마련입니다. 제품 마케팅에 활용할 수도 있고, 1인 미디어를 운영할 수도 있겠죠. 뉴스레터로 마케팅을 하든 미디어를 운영하든 가장 중요한 것은 뉴스레터로 이룩하는 성과입니다. 하지만 뉴스레터가 수익 창출과 직결되지는 않기 때문에 성과 측정을 어떻게 해야 할지 고민이 될 법한데요. 뉴스레터가 수익 창출에 얼마나 기여하는지 간접적으로 파악하는 방법은 뉴스레터의 오픈율과 클릭률을 확인하는 것입니다. 오픈율은 전체 구독자 중 몇 명이 뉴스레터를 열었는지, 클릭률은 전체 구독자 중 몇 명이 뉴스레터에 포함된 링크를 클릭했는지를 나타내는 지표입니다.

먼저 오픈율은 구독자가 뉴스레터의 콘텐츠에 보이는 관심의 정도를 보여줍니다. 한 달 정도 뉴스레터를 발행하면 뉴스레터의 오픈율이 일정 수치로 수렴해 가는 것을 확인할 수 있는데요. 보통 초기(한 달 평균 기준)에는 약 40%의 오픈율을 유지하다가, 시간이 지나고 구독자들이 늘어날수록 오픈율은 내려가는 경향을 보입니다. 계속 비슷한 콘텐츠가 발행되고, 구독자 모수가 늘어나면 오픈율이 다소 하락하는 것은 어떻게 보면 당연한 현상입니다. 일단 구독자 수가 수십 명일 때는 오픈율 지표에 큰 의미가 없을 수 있습니다. 모수가 워낙 작다 보니 날마다 변동폭이 크기 때문이죠. 오픈율은 제목뿐만 아니라 요일에 따라서도 요동치기도 합니다.

오픈율이 유의미해지는 시점은 구독자 수가 수백 명일 때부터인데요, 보통 수백 명 수준에서는 오픈율이 높게는 40~50%, 낮아도 30% 중후반까지는 나와줘야 합니다. 오픈율이 이보다 낮다면 콘텐츠 기획을 다시 점검할 필요가 있죠. 그리고 구독자 수가 만 명을 넘어서게 되면 오픈율은 20%대 후반에서 30%대 초반까지 낮아질 수 있습니다. 이렇게 오픈율에는 장기적인 변동이 있을 수 있음을 유의하면서, 단기적으로는 오픈율을 높이는 데 집중하도록 합니다.

오픈율이 뉴스레터에 대한 구독자들의 전반적인 호감 혹은 관심을 보여준다면, 클릭률은 뉴스레터에 대한 몰입도를 보여줍니다. 글 안의 링크를 클릭한다는 것은 뉴스레터를 그만큼 꼼꼼하고 능동적으로 본다는 의미이기에, 클릭률이 높으면 독자들이 뉴스레터의 내용을 그만큼 가치 있게 여긴다는 뜻이기도 합니다.

## 오픈율은 '제목'에서 결정된다

그렇다면 뉴스레터의 오픈율은 어떻게 높일 수 있을까요? 장기적인 방법과 단기적인 방법 두 가지가 있습니다. 물론 장기적으로 구독자가 늘다 보면 오픈율이 떨어질 수밖에 없으니, 장기적인 방법은 정확히 말하면 오픈율이 떨어지지 않게 유지하는 방법입니다. 장기적으로 오픈율이 떨어지지 않으려면, 다소 원론적인 이야기일 수 있지만 콘텐츠를 끊임없이 개선해 나가야 합니다. 구독자들은 하루에도 수십 개의 이메일을 받기 때문에 어떤 날은 뉴스레터를 열어보고 어떤 날은 안 열어볼 수도 있습니다. 이런 사람들이 뉴스레터를 꾸준히 열어보도록 만들기 위해선 유익함에 대한 기대를 형성할 필요가 있습니다. 뉴스레터를 열어봤는데 필자의 지극히 개인적인 생각과 소회만 담겨 있거나, 본인에게 그다지 필요하지 않은 내용을 다루고 있다면 앞으로 열어보고 싶지 않겠죠. 그렇기 때문에 구독자 피드백이 중요합니다. 어떻게 하면 구독자들에게 조금이라도 더 필요하고 유익한 내용을 전달할 수 있을지에 대한 고민이 필수적입니다. 뉴스레터가 성장하면서 오픈율이 낮아진다는 점을 감안하더라도, 오픈율이 과도하게 떨어진다면 뉴스레터의 전반적인 기획이나 내용을 점검해 볼 필요가 있습니다.

그렇다면 단기적으로 매일매일의 오픈율을 높이는 방법은 무엇일까요? 일단 뉴스레터의 클릭 여부는 거의 대부분 뉴스레터의 제목에 의해 결정됩니다. 제목이 흥미로우면 한 번이라도 더 손이 가기 마련이니까요. 그래서 인기 있는 뉴스레터들의 제목은 재미있습니다.

KT가 우주인터넷 사업에 진출한다는 내용의 뉴스레터를 발송한다고 생각해 볼까요? 일반적으로 'KT의 우주인터넷 사업 시작' 같은 제목을 떠올릴 텐데요, 이러면 다른 글과의 차별점이 느껴지지 않죠. 평범한 제목보다는 'KT: 나도 우주 갈끄니까~'와 같이 재미있는 밈(meme)이나 유행어를 사용하여 톡톡 튀는 제목을 붙이는 것이 좋습니다. 이 예시는 국내 한 유튜버가 일론 머스크를 한국어 버전으로 흉내 낸 유행어를 활용한 제목입니다. 조금은 어색하더라도 재미있는 제목을 붙여 구독자의 관심을 끈다면 오픈율을 조금이라도 더 높일 수 있습니다. 내용이 아무리 좋아도 제목이 재미없으면 뉴스레터를 아예 열지 않는 경우가 많으니 제목 짓기는 특히 신경을 많이 쓸 필요가 있습니다.

요즘에는 뉴스레터가 워낙 많다 보니 제목만으로는 구분도 잘 안 되고, 주목을 받지 못할 가능성이 높은데요. 그래서 인기 뉴스레터는 다른 뉴스레터와 구분하기 위해 제목 앞에 브랜딩을 잘 보여주는 이모티콘을 활용하기도 합니다. 메일함에 도착한 뉴스레터를 보면 〈뉴닉〉

| | ☆ | ✉ | UPPITY | 🏷가격 올리기 vs. 양 줄이기 🔍 ⬀ |
| | ☆ | ✉ | DAILY_BYTE | ⚫특수 가스가 부족해! 🔍 ⬀ |
| | ☆ | ✉ | NEWNEEK | ◀난 몰랐어 지방선거가 이리 다채로운지 🔍 ⬀ |

개성 있는 이모티콘이 돋보이는 뉴스레터 제목

과 〈어피티〉, 그리고 〈데일리 바이트〉 모두 브랜딩에 어울리는 이모티콘을 활용해 가시성을 높이려 한 것을 확인할 수 있습니다.

# 클릭률을 높이는
# 콘텐츠 큐레이션

앞서 오픈율을 높이는 방법을 살펴봤습니다. 그렇다면 구독자들의 참여도를 보여주는 클릭률은 어떻게 개선할 수 있을까요? 클릭률은 콘텐츠 큐레이션을 활용해 크게 높일 수 있습니다. 뉴스레터에 그냥 글만 가득 적어놓는다면 구독자는 글을 읽기만 하고 말겠죠. 하지만 뉴스레터의 특성상 지나치게 긴 글을 담기 어려울뿐더러, 텍스트가 너무 많으면 가독성이 떨어지게 됩니다. 그래서 뉴스레터에 담지 못한 자세한 이야기 혹은 관련 뉴스 기사를 별도의 링크로 삽입하는 것이 좋은데요. 보다 자세한 내용이 담긴 글을 링크하면 구독자는 해당 링크를 클릭하여 더 많은 정보를 얻을 수 있어 좋고, 발행자는 구독자를 본인의 뉴스레터에 조금 더 락인(lock-in)할 수 있어 좋습니다. 링크는 한 문단 혹은 두 문단에 하나 정도 삽입하는 것이 좋습니다. 좋은 정보 소스가 있다고 해서 전부 링크를 걸어두면 구독자들이 계속해서 뉴스레터와 해당 링크 페이지를 왔다 갔다 하게 되어 가독성이 낮아질 수 있습니다.

외부 정보 소스뿐 아니라 자사 혹은 본인의 제품을 홍보하고 싶은 경우가 있을 텐데요. 제품 페이지의 링크를 넣을 때도 주의 사항이 있습니다. 그저 링크만 많이 넣는다고 좋은 것이 아닙니다. 간혹 글 곳곳에 똑같은 링크를 다른 형태로 넣어 구독자의 클릭을 유도하는 경우가 있습니다. 적당히 활용한다면 클릭률을 높이는 좋은 방법이 될 수 있지만, 같은 링크를 지나치게 많이 삽입할 경우 구독자들이 혼란을 겪을 수 있는데요. 앞서 한 번 클릭했던 링크가 밑에 다른 형태로 다시 삽입되어 있다면, 이 링크를 다시 클릭한 구독자들은 실망감 혹은 지루함을 느낄 수 있겠죠.

그래서 제품 링크를 삽입할 때는 명확한 사인을 주는 것이 좋습니다. 가령, 본문에서 구독자들의 기대를 한껏 끌어모은 후 맨 아랫부분에 링크를 배치해 구독자들의 관심과 기대를 증폭시키는 것이죠. 실제로 〈데일리 바이트〉 뉴스레터에서는 유료 콘텐츠를 홍보할 때 홍보글을 넣고 그 하단에 링크를 하나 만들어둡니다. 홍보글 본문은 구독자가 한 명이라도 더 링크를 클릭하도록 호기심을 끌 만한 내용으로 구성합니다.

만약 클릭을 유도하기 위해 본문 곳곳에 링크를 넣어놓으면 구독자

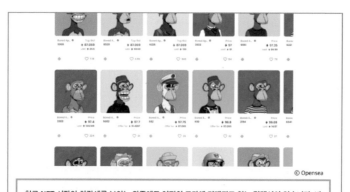

최근 NFT 시장이 하락세를 보이는 와중에도 여전히 고가에 거래되고 있는 컬렉션이 있습니다. 바로 NFT 시장에서 시가총액 1위를 차지하고 있는 **BAYC(Bored Ape Yacht Club)**입니다. BAYC란 '지루한 원숭이들의 요트 클럽'의 약자로, 글로벌 톱스타들이 구입하면서 큰 인기를 끌었는데요. 작년 4월에 출범해 이제 갓 1년을 넘긴 브랜드가 어떻게 **글로벌 NFT 시장을 석권**할 수 있었을까요?

오늘 <브랜드 한 입>에서는 그저 '웃긴 원숭이 이미지'로만 보이는 BAYC 컬렉션이 어떻게 단숨에 세계에서 가장 핫한 NFT 중 하나가 되었는지 그 비밀을 파헤쳐 봤습니다. 도대체 사람들은 뭐가 좋길래 그저 그림 하나에 불과한 NFT를 수십, 수백만 원을 주고 구매하는 걸까요? **NFT의 이미지 뒤에 숨겨진 '커뮤니티'의 강력한 파워**가 궁금하다면 오늘 <브랜드 한 입>을 꼭 읽어보세요!

> 🐕 EDDIE와 함께 <브랜드 한 입> 읽으러 가기

홍보 글 본문과 링크 삽입 예시

의 호기심이 충분히 증폭되지 못한 상태에서 클릭이 이뤄지고, 기대했던 만큼의 반응이 나오지 않을 수 있겠죠. 클릭률을 개선하려면 구독자의 시선을 한 곳에 집중시키는 전략이 중요함을 꼭 기억하세요!

## 뉴스레터
## 제목의 중요성

바야흐로 뉴스레터 전성시대라고 해도 과언이 아닙니다. 뉴스레터가 정말 많다 보니, 구독 중인 뉴스레터가 메일함에 수북이 쌓이는 경우가 부지기수인데요. 그래서 뉴스레터의 오픈율을 높이려면 첫인상에 해당하는 제목을 잘 지어야 합니다. 어떤 글이든 제목이 가장 중요하다는 말을 한 번쯤 들어보았을 겁니다. 뉴스레터는 다른 무엇보다도 제목의 영향이 큰 매체 중 하나죠. 아침 9시도 채 되지 않은 시간에 벌써 수많은 뉴스레터가 메일함을 꽉 채우고 있습니다.

| '역세권 청년주택' 부모 소득도 본다...저소득층 입주기회↑ ⌕ ⌒ | 05-23 08:05 |
| [05월23일 노트] 스튜디오 에피소드 : 셀럽 콘텐츠로 대중을 담기고, 콘텐츠로 커머스까지 하는 법 ⌕ ⌒ | 05-23 07:31 |
| ◆한미동맹 최신 ver. ⌕ ⌒ | 05-23 06:16 |
| Chartbook #123: The war in Ukraine and the triumph of the all-American anti-tank gizmo ⌕ ⌒ | 05-23 06:05 |
| [DEEP BYTE] 바이든의 경제·외교 정책 한눈에 보기 ⌕ ⌒ | 05-23 06:02 |
| ◉한·미정상회담 - 기업편 ⌕ ⌒ | 05-23 06:00 |

아침 일찍 메일함에 쌓인 각종 뉴스레터

    그렇다면 구독자들은 도착한 뉴스레터를 전부 열어볼까요? 그렇지 않습니다. 통계적으로 한 사람이 최대한으로 관심을 갖고 볼 수 있는 뉴스레터는 6개 정도라고 하죠. 아무리 많은 뉴스레터를 구독해도 정작 주의 깊게 보는 것은 몇 개 되지 않습니다. 그렇기에 무조건 제목이 조금이라도 더 '튀는' 뉴스레터의 오픈율이 좋을 수밖에 없습니다. 그래서 이름 있는 뉴스레터들은 메일함 안에서 본인들의 뉴스레터가 조금 더 쉽게 구별되도록 제목 앞뒤에 특징적인 이모티콘을 많이 사용합니다. 보통 제목 앞에는 뉴스레터의 브랜딩을 상징적으로 보여주는 이모티콘을, 제목 뒤에는 그날 뉴스레터가 다루고 있는 소식과 관련된 이모티콘을 넣곤 하죠. 앞뒤로 이모티콘을 넣는 것이 정신없게 느껴진다면 앞이나 뒤 어느 한쪽에만 넣어도 상관없습니다. 〈데일리 바이트〉 뉴스레터의 경우 제목 앞에는 뉴스레터의 브랜딩을 상징하는 도넛을, 제목 뒤에는 그날 뉴스레터의 내용과 관련된 이모티콘을 넣거나 생략합니다. 최소한 메일함에서 제목이 그냥 흑백은 아니어야 어느 정도 관심을 이끌어낼 수 있다는 것, 꼭 명심하세요!

브랜드를 상징하는 이모티콘을 넣은 뉴스레터 제목

# 너무 긴 제목은
# 피하자!

　간혹 뉴스레터의 제목을 너무 길게 짓는 경우가 있습니다. 뉴스레터에 좋은 내용들을 알차게 눌러 담았으니, 제목도 이런 내용을 모두 포괄하도록 길게 짓는 것이죠. 이런 제목은 발행자 본인에게는 만족감을 줄지도 모르지만, 뉴스레터의 오픈율을 높이는 데는 별로 좋지 않습니다. 사람들은 짧고(precise) 핵심만 담긴(concise) 제목을 선호합니다. 제목만 봐도 읽고 싶은지, 읽고 싶지 않은지를 판단하기 쉬워야 일단 구독자의 레이더망 안에 들어갈 수 있는 것이죠. 물론 매일매일 뉴스레터에 담는 내용이 달라지기에 제목의 길이를 획일적으로 정해두긴 어렵지만, 최대 20자를 넘지 않는 것이 좋습니다. 그래야 제목이

한눈에 잘 들어오기 때문입니다. 20자라고 하면 생각보다 매우 짧을 수 있습니다. 게다가 이모티콘까지 넣고 나면 실제로 글로 쓸 수 있는 부분은 정말 적죠. 짧으면서도 전달하고자 하는 핵심을 담아야 하기에, 제목은 함축적이거나 상징적인 표현을 사용하는 것이 좋습니다.

〈데일리 바이트〉 뉴스레터의 발행 화면을 보면 유행어나 대화체, 비유 등을 적절히 활용하면 간결하면서도 인상 깊은 제목을 지을 수 있습니다. 일반적으로는 뉴스레터의 내용을 제목에 담는 것이 좋지만, 오픈율을 높이기 위해 가끔은 약간의 변칙적인 방법을 사용할 수도 있

흥미로운 제목은 오픈율과 직결!

습니다. 내용을 공개하지 않고 궁금증을 유발하는 방식이죠. 〈1분기 희비가 엇갈린 '이 업계'〉라는 제목이 바로 그 예시입니다.

때로는 아예 제목을 짧게 짓는 변칙 사례도 활용이 가능합니다. 일례로 미국의 뉴스레터 〈모닝브루〉는 전달하고자 하는 내용에 대한 아주 약간의 힌트만 담은 제목을 활용합니다. 제목을 매우 짧게 지어 구독자들의 시선을 끄는 것이죠. 이렇듯 제목의 길이는 긴 것보다는 짧은 것이 구독자들의 오픈을 이끌어내는 데 더 효과적입니다.

| Morning Brew | 🐦 Pay now 🔍 🔗 |
| Morning Brew | 🐦 1:1 🔍 🔗 |
| Morning Brew | 🐦 Island time 🔍 🔗 |
| Morning Brew | 🐦 Heat wave 🔍 🔗 |

〈모닝브루〉의 제목 리스트

## 제목을 지을 때는
## 내용과 재미를 생각하자

제목에는 이모티콘을 적절하게 사용하고, 길지 않은 문구를 활용해야 한다고 했는데요. 실제로 제목을 지을 때 고려해야 할 것으로는 또 무엇이 있을까요? 앞서도 언급했듯 내용에 대해 적절히 암시하는 동시에 재미도 있어야 합니다. 제목이 너무 진지하면 일반적인 이메일과 크게 구분도 안 될뿐더러, 뉴스레터 자체가 '노잼(재미가 없다는 뜻의 신조어)'처럼 느껴질 수 있습니다. 그래서 적절한 재미 요소가 필요합니다.

아까 살펴본 〈데일리 바이트〉 뉴스레터의 사례에서 〈🍩 KT: "우리도 우주 갈끄니까~"〉라는 제목을 한번 볼까요? 이 뉴스레터는 KT가 최근 우주 인터넷 사업에 적극적으로 진출하고 있다는 내용을 담고 있습니다. '우주 갈끄니까~'는 유튜브에서 유행했던 유행어 '화성 갈끄니까~'의 패러디입니다. 한 국내 유튜버가 일론 머스크를 한국어로 성대모사하면서 사용한 표현을 뉴스레터 제목에 활용한 것이죠. 요즘 유행하는 신조어 등을 사용한다면 제목을 좀 더 재미있게 지을 수 있습니다.

## 리텐션이 좋은
## 콘텐츠란?

리텐션(retention)이란 일정 기간 동안 특정 상품이나 서비스를 사용하는 고객이 다시 돌아오는 것을 말합니다. 즉, 충성도 높은 고객이 얼마나 많은지를 뜻하는 개념이라고 할 수 있겠습니다. 뉴스레터에 적용하자면, 리텐션이란 뉴스레터를 꾸준히 읽는 독자의 수를 의미합니다. 뉴스레터가 성장하기 위해 필요한 핵심 중에서도 핵심 개념입니다. 앞서 설명한 오픈율, 클릭률 등 뉴스레터의 성장을 정의하는 여러 지표들은 모두 리텐션을 기반으로 유지됩니다.

리텐션을 높이기 위해서는 독자들을 계속 뉴스레터에 묶어둘 콘텐츠가 필수입니다. 리텐션을 높이는 콘텐츠는 어떤 콘텐츠일까요? 첫 번째는 '독자가 필요로 하는 콘텐츠'입니다. 예를 들어 단기간에 영어 점수를 높여야 하는 독자에게, 영어 공부를 시켜주는 뉴스레터는 반드시 필요한 콘텐츠입니다. 독자의 강력한 니즈를 충족하는 콘텐츠는 리텐션이 높을 수밖에 없습니다. 다소 재미가 없더라도 나에게 필요한 콘텐츠라고 생각되면 꾸준히 챙겨 보게 되기 때문입니다. 다행인 것은 독자에게 직접적인 도움을 주는 콘텐츠뿐 아니라 간접적으로 '이 콘텐츠 유익하고 좋더라' 하는 느낌을 주는 콘텐츠 역시 독자들의 숨겨진 니즈를 충족하는 콘텐츠라는 점입니다. 독자들이 유익하다고 느끼는 콘텐츠 역시 리텐션을 높게 유지할 수 있습니다.

두 번째로, 재미있는 콘텐츠의 리텐션 역시 높습니다. 콘텐츠가 매력적이고 흥미로웠다면 다음에 오는 뉴스레터 역시 열어볼 가능성이 높겠죠? 당연한 이야기입니다. 독자들이 재미를 느끼는 매력적인 콘텐츠를 기획하면 높은 리텐션은 자동적으로 따라옵니다. 콘텐츠 자체의 흥미는 조금 떨어지더라도, 뉴스레터 창작자의 팬덤을 만드는 것도 좋은 방법입니다. 구독자가 창작자의 팬이라면, 뉴스레터 역시 관심을 갖고 꾸준히 열어볼 것이기 때문입니다. 핵심은 뉴스레터나 창작자 중 적어도 한쪽은 구독자가 팬심을 느낄 정도로 매력적이어야 한다는 것입니다.

마지막으로, 습관처럼 열어보는 콘텐츠를 만들어야 합니다. 어떤 이유에서든 독자들이 뉴스레터를 꾸준히 읽는 습관을 만들도록 유도합니다. 이벤트를 준비해도 좋고, 미라클모닝처럼 건강한 생활습관을 만들어주는 프로젝트와 함께해도 좋습니다. 뉴스레터를 읽는 것이 습관이 된 구독자는 쉽게 이탈하지 않습니다.

## 리텐션, 어떻게 유지할까?

이번에는 리텐션을 유지하는 여러 꿀팁을 소개하고자 합니다. 리텐션을 유지하기 위해 가장 먼저 갖춰야 할 요건은 정해진 '발행 시간 및 요일'입니다. 앞서 뉴스레터 발행 요일과 시간은 독자와의 약속이니 꼭 정해두라고 말씀드렸는데요. 이메일을 주기적으로 열어보지 않는 일반 구독자 입장에서는 매일 이메일을 확인하지 않기 때문에 뉴스레터가 와도 보지 못할 가능성이 높습니다. 그러나 뉴스레터가 무슨 요일, 몇 시에 오는지 알고 있다면 '오늘 뉴스레터가 오는 날이구나'를 인식하고 이메일함에 들어가 볼 확률이 높아집니다. 아무 때나 불쑥불쑥 손님처럼 오는 뉴스레터보다는, 정해진 요일에 꼬박꼬박 오는 뉴스레터가 당연히 리텐션이 훨씬 높겠죠?

매력적인 제목도 리텐션을 유지하는 데 중요한 역할을 합니다. 앞서 제목이 굉장히 중요하다고 말씀드렸는데요. 〈스티비〉에서 제공하는

A/B test 기능을 이용하여 구독자를 두 그룹으로 나눠 두 가지 유형의 제목을 보내 어떤 제목의 반응이 더 좋은지 실험해 보는 것도 좋은 방법입니다. 실험을 통해 구독자들이 어떤 형태의 제목에 더욱 많이 반응하는지 자신만의 노하우를 찾아가도록 합니다.

콘텐츠를 연재하는 것도 좋은 방법입니다. 연재형 콘텐츠는 이번 화의 내용이 다음 화와 이어지기 때문에, 꾸준히 독자를 유지하는 데 굉장히 유리합니다. 다만 뉴스레터에서는 연재형 콘텐츠가 흔하진 않습니다. 자칫 연재형 콘텐츠를 업로드했다가 뉴스레터 전체의 완결성이 떨어질 수 있기 때문입니다. 여러분이 기획하고 있는 콘텐츠가 연재형 콘텐츠라면, 뉴스레터가 매 회 제대로 완결되지 않아 독자의 만족도를 떨어뜨리지 않을지 깊이 고민해 보아야 합니다.

마지막으로, 리텐션을 유지하기 위한 이벤트를 진행하는 방법도 있습니다. 〈데일리 바이트〉는 매 뉴스레터 하단에 'BYTE QUIZ' 코너를 운영하고 있습니다. 뉴스레터에 대한 퀴즈를 풀고 정답을 모두 맞힌 구독자 중 5분을 추첨해서 다음 주 월요일에 스타벅스 기프티콘을 증정합니다. 퀴즈를 풀기 위해서는 콘텐츠를 꼼꼼히 읽어야 할 뿐만 아니라, 매일 뉴스레터를 읽는 습관도 들여야 합니다. 소소하지만 이런 이벤트를 통해서 매일 뉴스레터를 읽도록 유도할 수 있습니다.

# 리텐션과 오픈율,
# 그리고 클릭률

리텐션이 높다는 것은 곧 구독자의 충성도가 높다는 뜻입니다. 그렇기에 일반적으로 리텐션이 높은 뉴스레터는 오픈율과 클릭률 역시 높습니다. 단순히 구독자 수가 많다고 좋은 뉴스레터가 아니라, 리텐션이 높고 준수한 오픈율과 클릭률을 기록하는 뉴스레터가 정말 건강한 뉴스레터라고 할 수 있습니다. 단순히 구독자 수가 많은 경우에는 뉴스레터를 구독만 해두고 열어보지 않는 경우가 많을 수 있는데요. 독자의 충성도가 높고, 뉴스레터를 직접 열어보고 뉴스레터 내의 링크를 클릭하는 독자가 많아야 뉴스레터가 더욱 활기차게 돌아가고 콘텐츠에도 힘이 생깁니다. 일반적으로 구독자 수가 늘어날수록 오픈율과 클릭률은 점점 낮아집니다. 실제로 2021년 〈스티비〉가 발표한 통계에 따르면, 5천 명 이상의 구독자를 보유한 뉴스레터의 평균 오픈율은 약 11% 정도에 그쳤습니다.

## 뉴스레터 최대의 적,
## 스팸함

공들여 만든 뉴스레터가 구독자에게 도달하지 못하고 스팸메일함
으로 빠지는 것만큼 억울한 일이 없습니다. 그런데 네이버나 구글 등
이메일 서비스를 제공하는 포털이 똑똑해지면서 점점 더 스팸메일을
잘 걸러냅니다. 뉴스레터는 스팸메일이 아니지 않냐고요? 생각보다 높
은 확률로 뉴스레터가 스팸메일함으로 들어갑니다. 뉴스레터는 네이
버나 지메일에서 직접 발송되는 것이 아니라 〈스티비〉나 다른 플랫폼
을 거쳐서 발송되는데요. 발송 과정이 일반적인 이메일과 다르기 때문

에 이메일 서비스에서는 뉴스레터를 비정상으로 인식하는 경우가 많습니다. 게다가 제목에 '(광고)'가 붙거나 광고로 오해받을 만한 단어가 들어간다면 열에 아홉은 스팸메일함을 피하기 어려울 것입니다.

뉴스레터 발행자 측에서 일일이 스팸메일함을 피하도록 조치하기는 어렵습니다. 포털 사이트의 알고리즘을 하나하나 알 수 없기 때문입니다. 대신 이메일을 받는 구독자가 스팸메일로 분류되지 않도록 설정해야 하죠. 이번 챕터에서는 뉴스레터가 스팸으로 분류되지 않도록 구독자에게 안내하는 방법을 소개하도록 하겠습니다.

## 자동 메일 기능이란?

구독자에게 공지 메일을 보낼 때 사용할 자동 이메일 기능을 살펴보겠습니다. 물론 〈스티비〉를 기준으로 설명합니다. 자동 이메일이란 구독자가 특정 액션을 취할 때마다 이메일이 자동으로 발송되도록 설

〈자동 이메일 만들기〉 버튼 클릭!

자동 이메일 '발송 조건'을 설정하는 화면

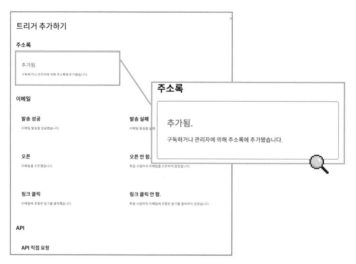

'트리거 추가' 설정 화면

정하는 기능입니다. 〈스티비〉에서 이메일 '새로 만들기'를 클릭하면 일반 이메일과 자동 이메일이 나오는데, '자동 이메일 만들기'를 클릭하면 만들 수 있죠.

자동 이메일을 만들 때 '발송 조건'을 설정할 수 있습니다. 자동 이메일이 어떤 조건에서 발송될지 설정하는 것으로, 구체적인 조건은 '트리거'를 선택해 만들 수 있습니다. '트리거 선택'에서 이메일이 발송될 조건을 설정할 수 있으며, '트리거 추가하기'를 통해 여러 조건을 동시에 걸 수도 있습니다. 또한 여러 조건의 트리거를 만들었을 때는 트리거들을 모두 충족할 때 이메일을 발송할지, 트리거를 하나라도 충족하는 경우 이메일을 발송할지 결정할 수도 있습니다.

〈스티비〉를 기준으로 다양한 트리거를 설정할 수 있는데요. '트리거 추가하기' 화면에서 '추가됨'이라는 트리거를 이용합니다. 이 트리거는 구독자가 처음으로 주소록에 추가되었을 때 자동으로 이메일을 발송하는 역할을 하는데요. 구독자가 뉴스레터를 구독하면 가장 먼저 이 메일을 받게 됩니다. 〈데일리 바이트〉는 '$%name%$(이 명령어 기억하나요? 구독자가 직접 설정한 이름을 뉴스레터에서 불러주는 기능입니다.)님 환영해요'라는 제목의 환영 뉴스레터를 자동 메일로 발송합니다. 그리고 이 환영 메일에 뉴스레터가 스팸메일로 분류되지 않도록 설정하는 방법을 안내하고 있어요.

# 스팸메일을
# 피해 가는 방법

〈데일리 바이트〉 뉴스레터의 환영 메일에 포함된 내용을 일부 가져 왔습니다. 90% 이상의 구독자가 네이버 메일 또는 지메일을 사용하고 있기 때문에, 그에 맞춰 두 이메일 서비스에 대한 내용을 안내합니다.

## ✉️ 네이버
네이버는 설정이 비교적 간단합니다. 네이버 메일은 구독자가 특정 이메일을 주소록에 추가하면 더 이상 스팸으로 분류되지 않습니다. 주소록에 추가했다는 것은 스팸메일이 아니라, 아는 사람이 보내는 이메일이라는 뜻이기 때문이죠.

## ✉️ 지메일
지메일은 조금 복잡한데요. 구독자는 뉴스레터가 발송되는 이름 또는 이메일을 검색하고, 이 이메일 주소에 '절대 스팸으로 신고하지 않음'이라는 필터를 걸어야 합니다. 조금 번거롭지만 스팸메일을 피해 가기 위해서는 반드시 필요하니 구독자들이 꼭 필터를 생성할 수 있도록 유도해야 합니다.

홈페이지를 보유한 창작자라면 홈페이지에 스팸메일을 피하는 방법을 안내하는 것이 가장 좋습니다. 앞서 보낸 자동 이메일 역시 스팸으로 분류될 수 있기 때문인데요. 홈페이지 FAQ 메뉴에서 '구독은 했는데 뉴스레터를 받지 못한 경우?'라는 질문을 만들고, 스팸메일로 분류되었을 수 있으니 스팸메일함을 확인하고 주소록 추가 또는 스팸으로 신고하지 않음 필터를 생성하도록 안내하면 됩니다.

열심히 만든 뉴스레터가 스팸메일에 빠지면 창작자는 힘이 빠지고, 구독자는 구독은 했는데 뉴스레터가 오지 않아 불편함을 느끼거나 불신을 갖게 됩니다. 구독자가 불편함을 느끼지 않도록 스팸메일에 대처하는 안내 절차를 잘 구성하시기 바랍니다.

## 추천인 이벤트
## 진행하기

당연한 얘기이지만 초기에는 입소문으로 빠르게 성장해야 합니다. 좋은 콘텐츠와 색다른 감성으로 자연스럽게 입소문이 나는 경우도 있지만, 인위적으로 빠르게 입소문을 퍼뜨리는 마케팅 방법도 있는데요. 특히 뉴스레터 초기에는 구독자가 지인에게 뉴스레터를 추천하도록 유도하는 추천인 이벤트를 추천합니다.

보통 추천인 이벤트는 정해진 인원 수만큼 지인을 구독시킨 사람에게 상품을 제공하는 형태로 진행됩니다. 상품은 스타벅스 기프티콘처럼 창작자가 직접 마련해도 되고, 가능하다면 출판사로부터 신간 도서를 지원받는 등 상품을 협찬받을 수도 있습니다. 뉴스레터를 구독하는 구독자가 어떤 상품을 더 선호할지 고민해서 이벤트 상품을 결정하면 되겠습니다.

〈스티비〉에서는 추천인 이벤트를 설계하기가 다소 어렵습니다. 어떤 구독자가 몇 명의 지인을 데려왔는지 제대로 파악할 수 있는 툴이 없기 때문인데요. 단순히 몇 명의 지인에게 추천했느냐가 아니라 실제로 구독으로 이어졌는지 카운트해야 하는데, 이를 자동으로 트래킹하는 시스템은 아직 없습니다. 아래에서 〈데일리 바이트〉가 초기 추천인 이벤트를 진행했던 방법을 자세히 소개합니다. 이벤트 로직을 잘 기억하여 여러분만의 추천인 이벤트를 설계해 보도록 합니다.

### 1. 구독 폼 수정하기

〈스티비〉를 기준으로, 주소록에 들어가면 상단 메뉴에 '사용자 정의 필드' 탭이 있습니다. 기본적으로는 이메일 주소와 이름만 입력하면 뉴스레터를 구독할 수 있지만, 추천인 이벤트를 진행할 때는 '추천인 이메일'이라는 필드를 추가해야 합니다. 지인의 추천을 받고 구독하는 경우에 추천인의 이메일 주소를 적는 칸입니다. 단, 추천인 이벤트와 별개로 구독하는 경우도 있으니 추천인 이메일 필드는 필수 입력으로 설정하면 안 됩니다. 추천인 이름이 아니라 이메일을 받는 이유는 이름이 중복될 수 있기 때문입니다. '홍길동'이라는 이름을 가진 두 사람이 각각 자신의 지인들에게 뉴스레터를 추천했다고 해볼까요? 그러면 양 측의 지인 모두가 추천인 이름에 '홍길동'을 쓸 것이고, 누가 누구의 추천인지 알 수 없으니 혼란이 생길 것입니다. 이메일은 중복될 일이 없기 때문에 추천인 이메일 주소를 받도록 합니다.

'사용자 정의 필드' 탭 화면

## 2. 추천인 이벤트 공지하기

구독 폼에 '추천인 이메일' 칸을 추가했다면 이제 뉴스레터에 추천인 이벤트를 공지할 차례입니다. 아래의 순서로 지인의 구독이 이루어집니다.

**1. 지인에게 뉴스레터를 추천하고 구독을 제안합니다. 이때 지인에게 알**

〈데일리 바이트〉의 추천인 이벤트 사례

려야 할 정보는 '뉴스레터 구독 링크'와 '추천인 이메일'입니다.

2. 지인은 링크를 타고 들어가 구독을 신청하면서, 추천해준 사람의 이메일을 해당 칸에 기입합니다.

3. 창작자 여러분이 정해둔 인원 수보다 많은 사람을 모아온 구독자에게 상품을 제공합니다. 주소록에서 '추천인 이메일'을 확인할 수 있는데요. 이벤트 기간 동안 추천인 이메일을 참고하여 이벤트 당첨자를 선정하면 됩니다. 추천인 이메일에 동일한 이메일이 5개 이상인 경우 자동으로 알림을 주는 기능은 아직 없기 때문에 불편하겠지만 직접 카운팅

**해야 합니다.**

추천인 이벤트를 실시하면 뉴스레터 초기에 안정적으로 구독자를 모을 수 있다는 장점이 있습니다. 또한 추천인 이벤트에 참여한 충성도 높은 독자의 지인이라면 자연스럽게 뉴스레터의 찐팬이 될 가능성도 높죠. 하지만 단점도 있는데요. 구독자 1명이 자신이 보유한 타 이메일 계정으로 뉴스레터를 구독하면서 이벤트에 참여하는 경우가 생길 수 있습니다. 실제 구독자는 증가하지 않았는데 이메일 계정만 여러 개로 늘어나 이벤트의 취지를 흐리게 됩니다. 또한 실제로 존재하지 않는 이메일 계정으로 구독하고 추천인 이메일 란에 본인 이메일을 적는 일도 간혹 있습니다. 이런 경우를 잘 걸러내는 것도 중요합니다.

만약에 추천인 이벤트에 사용되는 상품을 출판사나 다른 회사로부터 제공받는 경우에는, 추천인 이벤트를 공지하는 뉴스레터 제목에 반드시 '(광고)'라고 붙여야 합니다. 상품을 제공받는다는 것은 곧 협찬과 같은 의미인데요. 창작자 여러분이 직접 상품을 마련해서 증정하는 경우에는 광고라고 명시할 필요가 없지만, 아무런 금전적 거래가 없더라도 상품을 제공받는 경우에는 반드시 '(광고)'라고 표시해야 합니다.

# 다른 이벤트는
# 없을까?

'뉴스레터 구독 인증' 이벤트를 진행할 수 있습니다. SNS나 블로그, 특히 인스타그램에서 뉴스레터 공식 계정을 태그하도록 유도하면, 누가 이벤트에 참여했는지 손쉽게 파악이 가능합니다. 블로그에는 보통 뉴스레터에 대한 자세한 소개를 올리기 때문에 입소문을 타기에 굉장히 좋은 매체이기도 합니다. 실제로 많은 사람들이 블로그에서 뉴스레터를 알게 되어 구독한다고 하는데요. 인스타그램이나 블로그에 뉴스레터를 알리는 게시물이 많아질수록, 입소문을 타고 더욱 빠르게 구독자가 늘어날 것입니다.

미라클 모닝 프로젝트를 통해 뉴스레터 구독자를 늘릴 수도 있습니다. 미라클 모닝이란 일찍 일어나 좋은 습관을 만드는 프로젝트로, 2030 젊은 세대를 중심으로 자기 계발 열풍이 불며 함께 인기를 얻었습니다. 뉴스레터를 아침 일찍 발행한다면 아침에 일어나 뉴스레터 읽는 것을 습관으로 만드는 미라클 모닝 프로젝트를 기획해 보세요. 특히나 뉴스레터의 주제가 젊은 세대의 자기 계발과 관련이 있는 경우, 미라클 모닝을 이벤트로 진행하면 좋은 반응을 이끌어낼 수 있을 것입니다.

이 밖에도 각 뉴스레터의 주제와 콘셉트에 맞는 다양한 이벤트를 기획하고 진행해 보세요. 이벤트는 구독자가 참여할 수 있기 때문에, 잘 설계한다면 기존 구독자의 충성도는 높이고 신규 구독자를 다수 확보하여 두 마리 토끼를 잡을 수 있습니다. 지금, 여러분 뉴스레터에 적합한 이벤트를 기획해 보기 바랍니다.

NEWSLETTER

# 저절로 되는 마케팅은 없다

0 ♥

## 마케팅과 뉴스레터는 한 몸이 되어야 한다

뉴스레터를 처음 만들면 뉴스레터 발행과 마케팅을 별개로 생각하는 경우가 많습니다. 일단 뉴스레터를 기획하고, 마케팅은 나중에 해도 된다고 생각하죠. 그리고 뉴스레터를 몇 번 발행해 본 뒤, 구독자가 늘지 않아 포기하는 경우가 많습니다. 무엇이 잘못된 걸까요? 바로 뉴스레터 기획과 마케팅을 분리해서 생각한 것이 문제입니다. 애초에 기획 단계에서 어떤 브랜딩으로 어떻게 마케팅을 할지 고려하지 않았기에 뉴스레터 따로, 마케팅 따로 이뤄질 수밖에 없죠. 뉴스레터를 기획할 때는 단순히 내가 생각하기에 좋은 내용을 담는 것이 아니라, 타깃 독자들이 좋아하고, 관심 가질 만한 내용을 담아야 합니다. 이와 함께 기획한 콘텐츠를 어떻게 마케팅할지도 함께 고려해야 하고요. 마케팅과 뉴스레터의 기획이 일치하면 뉴스레터를 계속 발행해 나가는 것도, 뉴스레터를 홍보하는 것도 한결 수월해집니다.

자, 일단 타깃을 정하고 타깃에 맞는 내용까지 구상했다면, 이제 어떻게 해야 할까요? 보통 글을 쓰는 사람들은 '뉴스레터의 내용만 알차면 구독자가 알아서 늘겠지'라고 생각하는 경우가 많습니다. 하지만 큰 오산이죠. 사람들의 입소문을 타고 퍼지는 '바이럴 마케팅' 역시 철저한 기획 없이는 절대 불가능합니다. 이미 수십만 명의 구독자를 보유한 뉴스레터 역시 시작하자마자 구독자들이 몰려든 것은 아닙니다. 초기에는 다 어려운 시기를 겪었죠.

수고스러운 일일 수 있지만, 처음에는 일단 지인들부터 시작해야 합니다. 가족, 친구, 가족과 친구의 지인들까지 한 명 한 명 붙잡고 구독을 해달라고 부탁해야 하죠. 지금은 전국적인 배달 서비스 앱인 '배달의 민족' 역시 처음에는 전단지를 일일이 수집해서 입력하는 번거로운 작업을 거쳤다고 하는데요, 뉴스레터도 마찬가지입니다. 일단 사람들이 우리 뉴스레터의 존재를 알아야 구독도 할 수 있기 때문에 전화나 문자, SNS 등 가능한 모든 수단을 동원해 초기 구독자 수를 늘리는 것이 중요합니다.

100명, 1,000명, 5,000명, 10,000명을 모을 때마다 한 단계씩 업그레이드된다고 생각하면 되는데요. 주변 지인들을 최대한 동원하면

100명까지는 어렵지 않게 모을 수 있습니다. 100명에서 1,000명이 되는 것은 또 다른 문제입니다. 지인들의 반응이 나쁘지 않다면, 현재 구독자를 지렛대 삼아 1,000명 모으기에 도전해 봐야겠죠? 1,000명을 모으려면 일단 기존 구독자들을 이용해야 합니다. 뉴스레터 상단에 적극적으로 지인 추천을 부탁하거나, 아니면 기프티콘 등을 이용한 소소한 추천 이벤트를 진행하는 것도 방법입니다. 유용한 정보를 앞세워 각종 커뮤니티에 소개 글을 올릴 수도 있습니다. 이런 식으로 조금씩 늘려가다 보면 또 어느새 1,000명이 모이게 됩니다. 그런데 1,000명에서 5,000명, 그리고 10,000명을 모으는 것은 또 다른 차원의 이야기입니다. 과연 구독자를 꾸준히, 그리고 비약적으로 늘리기 위해선 무엇이 필요할까요?

## 구독자를
## 찾아다니자

지인 추천과 구독자 추천 이벤트 등을 통해 구독자 수가 일정 수준에 도달하게 되면, 이제 한 번쯤 번아웃이 오게 됩니다. 구독자는 매일 조금씩밖에 늘지 않는데, 뉴스레터를 만드는 데는 꽤나 오랜 시간이 들어가기 때문이죠. 하루에 구독자가 20~30명씩 꾸준히 늘어도 1만 명의 구독자를 확보하기 위해선 거의 1년이 걸린다는 계산이 나옵니다. 1년 동안 쉬지 않고 뉴스레터를 발행해야 1만 명의 구독자를 모을 수 있는 셈이죠. 하지만 구독자가 매일 20~30명씩 늘어난다는 보장도 없습니다. 운이 나쁘면 겨우 몇 명 늘 수도 있고, 구독을 취소한 사람이 많으면 오히려 구독자가 줄어들 수도 있죠. 단순한 취미가 아니라 마케팅이나 사업화 등 특정 목적을 가지고 뉴스레터를 발행한다면 이때쯤 구독자 정체를 타파하기 위한 노력이 필요합니다. 정말 본격적인 마케팅에 나서야 할 때가 된 것이죠. 그렇다면 구독자 수 부스팅을 위한 계기는 어떻게 마련할 수 있을까요?

지피지기면 백전백승이라고, 먼저 우리 구독자들이 어떤 사람들인지 잘 알아야 더 많은 구독자를 모을 수 있습니다. 지금까지 꽤나 많은 사람들이 모였다면 분명 우리 뉴스레터가 '먹히는 지점'이 있었다는 뜻일 텐데요. 우리 뉴스레터에 어떤 장점이 있길래 사람들이 구독을 하고, 계속 읽고 있는지 정확히 알 필요가 있습니다. 그래서 이때쯤 되면 구독자 설문조사를 한번 해봐야 합니다. 지금 구독자들의 연령대와 성별 분포는 어떤지, 구독자들이 생각하는 우리 뉴스레터의 이미지는 무엇인지, 왜 구독을 해지하지 않고 계속 보고 있는지 등등에 관해서 말이죠. 구독자 서베이를 하고 나면 대충 우리 뉴스레터가 어떤 매력이 있는지, 어떤 계층의 사람들에게 잘 먹히는지 파악할 수 있습니다. 서베이 결과는 예상대로일 수도 있고, 예상과 전혀 다를 수도 있는데요. 구독자에 대해 그나마 가장 확실한 데이터이니, 향후 마케팅을 진행할 때는 이 데이터를 기반으로 새롭게 전략을 수립할 필요가 있겠죠?

📋 구독자 설문조사 예시 문항

❤ 뉴스레터를 어떻게 구독하게 되었나요?

❤ 뉴스레터를 열어보는 이유는 무엇인가요?

❤ 뉴스레터를 계속 구독하는 이유는 무엇인가요?

❤ 다음 중 우리 뉴스레터를 가장 잘 나타내는 말은 무엇인가요?

❤ 우리 뉴스레터의 장점은 무엇인가요?

❤ 다른 뉴스레터와 비교했을 때 우리 뉴스레터의 차별점은 무엇인가요?

❤ 구독자 여러분의 성별·연령대에 체크해 주세요.


　구독자 파악이 완료됐다면 이제 그 계층의 구독자들이 잘 모이는 곳을 찾아다녀야 합니다. 별로 유명하지도 않은데 마냥 기다리고만 있으면 구독자들이 알아서 찾아올 리 만무합니다. 취업준비생들이 우리 뉴스레터를 많이 본다면 대학생 커뮤니티나 취업 전문 카페, 관련 오픈채팅방을 찾아다니며 뉴스레터 구독을 권합니다. 구독자 중 여성의 비율이 높다면 여성들이 주로 이용하는 커뮤니티를 활용하거나, SNS 타깃 광고를 설정할 때 특정 성별을 지정하는 등의 마케팅 방법을 사용합니다. 시도할 수 있는 방법은 정말 많습니다. 참여자 수가 많은 오픈채팅방에 들어가 홍보한다든지, 광고 규제가 엄격하지 않은 커뮤니티를 찾는다든지, 타깃 독자층이 많은 카페 혹은 블로그와 제휴를 맺는 등 여러 가지 수단을 모두 동원해 보고, 마지막에는 가장 효율이 좋은 수단을 집중 공략하는 방식으로 마케팅을 이어간다면 어느새 구독자 수가 10,000명에 도달해 있을 것입니다.

## 최대한 많은 매체에
## 콘텐츠를 노출하자

앞서 이야기했듯 콘텐츠를 잘 만들었다고 해서 구독자가 저절로 많이 모여드는 것은 아닙니다. 양질의 콘텐츠일수록 다양한 매체를 통해 뿌려지고 확산되어야 보는 사람도 많아지겠죠. 그래서 초창기에는 최대한 다양한 온라인 공간에 뉴스레터 콘텐츠를 올려보기를 추천합니다. 브런치나 각종 블로그(네이버, 다음, 티스토리 등)에 꾸준히 글을 올리다 보면, 자연스럽게 구독자가 조금씩 늘어나고 인지도도 올라가죠. 또 다양한 검색포털에서 상위 노출을 유지하고, 검색했을 때 관련 포스팅이 많은 것이 유리한데요. '뉴스레터' 혹은 'ㅇㅇ뉴스레터'와 같이 관련 키워드로 검색했을 때 우리 뉴스레터가 바로 나온다면 사람들이 좀 더 쉽게 우리 뉴스레터를 구독할 수 있겠죠? 최근에는 카카오뷰 등 다양한 구독 플랫폼이 등장하고 있으니 이런 곳에 콘텐츠를 업로드해 보는 것도 좋은 방법입니다.

## 안타깝게도,
## 구독자는 계단식으로 늘어난다

많은 뉴스레터 제작자들이 구독자는 완만한 직선 형태로 증가한다고 생각할지도 모르겠습니다. 그래서 한동안 구독자가 늘지 않으면 자괴감이 들기도 하고, 포기하고 싶어지기도 하죠. 필자가 〈데일리 바이

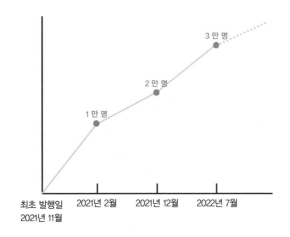

1 만 명

2 만 명

3 만 명

최초 발행일
2021년 11월 2021년 2월 2021년 12월 2022년 7월

〈데일리 바이트〉의 구독자 증가 추이

트〉 뉴스레터를 만들 때도 마찬가지였습니다. 어떤 때는 구독자가 잘 늘다가, 또 어떤 때는 계속 정체되곤 했죠. 하지만 어느 정도 시간이 지나 깨닫게 된 것은 구독자 수가 선형적으로 증가하지 않는다는 사실입니다. 직선이 아니라 계단식으로 증가하는 것이었죠. 꾸준히 알찬 내용을 유지하고 마케팅을 전개하다 보면 갑자기 구독자 수가 크게 늘었다가, 또 한동안 비슷한 수준을 유지하곤 했습니다. 그래서 뉴스레터를 지속적으로 발행해 마케팅 혹은 사업 목적으로 활용하려는 경우 구독자가 빨리 늘지 않는다고 좌절해선 안 됩니다. 꾸준히, 속된 말로 열심히 '존버' 하다 보면 언젠가는 '떡상'의 기회가 온다는 점, 명심하세요!

# Part 5

new_message

# 뉴스레터로
# 수익을 창출 방법

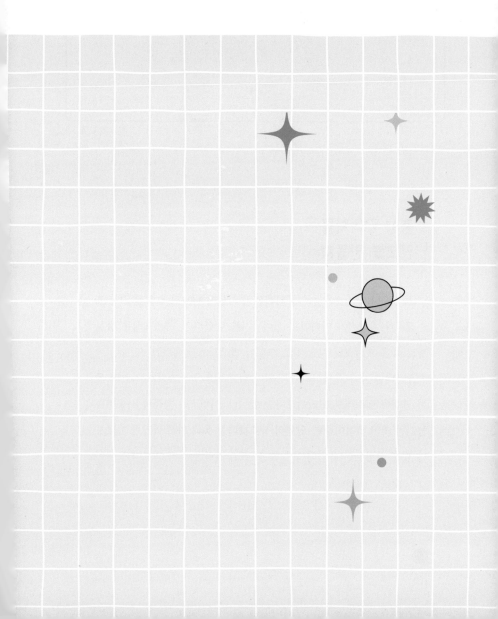

## 충성 구독자를
## 팬으로 만들자

뉴스레터가 지속가능하기 위해선 수익성이 담보되어야 합니다. 뉴스레터가 자생적인 미디어로 살아남기를 원한다면, 뉴스레터를 통한 광고 혹은 커머스로 어느 정도 수익이 발생되어야 하겠죠. 또, 기업이 뉴스레터를 계속 운영하려는 유인이 있으려면, 뉴스레터가 기업의 목적 달성에 실질적으로 기여해야만 합니다. 서비스나 상품의 사용자를 늘리는 것이 목적이라면, 당연히 뉴스레터를 통해 다른 마케팅 채널보다 많은 사람들이 유입되어야 할 것이고, 기업 이미지 제고가 목적이라면 사람들의 인식 개선이 발생해야만 할 것입니다.

뉴스레터를 잠깐이라도 운영해 본 분들은 알겠지만, 사실 뉴스레터를 장기적으로 운영한다는 것은 쉬운 일이 아닙니다. 워낙 신경 쓸 일도 많고, 구독자 수도 처음에는 잘 늘지 않기 때문이죠. 구독자 수가 늘었다고 해서 무조건 전환이나 수익화가 잘되는 것도 아닙니다. 그래서 뉴스레터를 지속적으로 운영하려면 단지 발행자의 노력, 끈기만으로는 부족합니다. 계속 성과가 나지 않으면 사람은 언젠가 지칠 수밖에 없기 때문이죠.

필요한 것은 구독자를 우리 뉴스레터의 팬으로 만드는 것입니다. 요즘에는 사람들에게 뉴스레터 선택지가 굉장히 많습니다. 시사부터 경제, 에세이, 책, 문화 등 수많은 분야의 뉴스레터가 존재하죠. 이 중에서 우리 뉴스레터를 빠뜨리지 않고 읽게 하려면 결국 구독자들을 우리 뉴스레터의 팬으로 만드는 수밖에 없습니다.

팬이 된다는 것은 어떤 의미일까요? 곧 구독자들이 우리 뉴스레터가 만드는 커뮤니티 속으로 들어온다는 뜻입니다. 뉴스레터가 하나의 구심점을 제공한다는 뜻이죠. 자, 그럼 커뮤니티를 만들려면 어떻게 해야 할까요? 무작정 카페와 블로그를 개설하거나, 오프라인 모임을 만들어야 할까요? 아닙니다. 우선순위를 명확히 할 필요가 있는데요. 먼저 우리 뉴스레터의 구독자들, 특히 충성 구독자가 어떤 사람들인지 파악해야 합니다. 이들이 공통적으로 우리 뉴스레터에서 느끼는 매력이 무엇인지, 무엇을 위해서 우리 뉴스레터를 보고 있는지를 알아야 이들을 하나로 묶어줄 수 있는 커뮤니티 빌딩이 가능해집니다.

시사 뉴스레터를 예로 들어보겠습니다. 시사 뉴스레터는 대개 취업을 준비하거나 직장을 다니면서 자기 계발을 하고 싶은 사람들이 읽는 경우가 많은데요. 구독자 대상 설문조사를 통해 이들이 어떤 사람들인지, 무엇을 원하는지 알았다면 그들이 필요로 하는 것을 제공해 줘야 합니다. 만약 취업준비를 위해 뉴스레터를 읽는 사람들이 많다면, 카페를 개설해 채용정보를 스크랩하고 면접 준비를 위해 시사 이슈를 간단하게 정리해 주는 방식을 사용할 수 있겠죠. 또, 기업용 업무소프트웨어를 예로 든다면, 우리 회사의 제품을 사용하는 고객 혹은 업무소프트웨어 없이 일하는 잠재 고객을 대상으로 소프트웨어 사용법을 설명하는 강연을 개최한다거나, 함께 모이는 세미나를 진행할 수도 있습니다.

중요한 것은 무작정 커뮤니티 구축에 나서는 것이 아니라, 우리 뉴스레터를 보는 구독자들이 어떤 사람들이며, 어떤 유인이 있어야 커뮤니티에 참여하는지 알아보는 것이죠. 충성 구독자들은 아무래도 우리 뉴스레터의 취지와 내용에 많이 공감하기에 그만큼 공통의 관심사, 목적을 가지고 있을 가능성이 높습니다. 바로 이 지점을 건드려야 커뮤니티 빌딩의 첫 발자국을 성공적으로 내딛을 수 있겠죠.

## 왜 뉴스레터에는 버티컬이 필요할까?

커뮤니티 빌딩과 연관지어 생각해 보더라도, 확실한 색깔을 가진 뉴스레터가 그렇지 못한 뉴스레터에 비해 더 효과적임을 알 수 있습니다. 보통 처음 뉴스레터를 발행하는 분들은, 본인이 알고 있는 흥미롭고 유용한 사실들을 최대한 많이 전달해야겠다는 생각에 뚜렷한 중심 주제가 없는 뉴스레터를 만드는 경우가 많습니다. 정보의 층위가 제대로 나뉘어 있지 않다든가, 여러 분야의 정보가 뒤섞인 뉴스레터가 되는 것이죠. 다양한 관심사를 가진 사람들을 모두 아울러 구독자로 만들겠다는 판단이 작용했겠지만, 정말 좋지 않은 전략입니다. 앞서도 말했듯 요즘 시중에는 뉴스레터가 굉장히 많습니다. 인기 있는 뉴스레터들은 나름대로 각자의 분야에서 전문성을 가진 경우가 많은데요. 이런 와중에 전문성이 떨어지고, 색깔도 불분명한 뉴스레터를 발행한다면 관심을 가질 사람이 별로 없겠죠. 그래서 중구난방으로 이 정보, 저 정보를 다 담기보다는 정말 확실하게 자신 있는 분야를 정하여 사람들이 정말로 궁금해할 만한 정보들만 압축적으로 담은 뉴스레터를 발행하는 것이 좋습니다. 경제면 경제, 로봇이면 로봇처럼 말이죠.

이렇게 특정한 분야에 대해 전문성을 갖고 있는 것을 '버티컬'이 뚜렷하다고 이야기하는데요. 버티컬이 확실한 뉴스레터는 마케팅이나 커뮤니티 빌딩에도 훨씬 유리합니다. 주제의식이 두루뭉술한 뉴스레터를 홍보하려면 이런저런 미사여구가 많이 붙어야 합니다. 홍보의 선택지가 많아지지만, 그만큼 홍보의 효율도 떨어질 수밖에 없고요. 하지만 명확한 전문 분야와 주제의식이 있는 뉴스레터는 홍보 문구를 선택하기도 쉽고, 타깃을 설정하고 발굴하기도 쉽습니다. 홍보뿐만 아니라 커뮤니티 빌딩도 쉬운데요. 애초에 다루는 분야가 확실하다 보니, 구독자들의 공통 관심사 혹은 속성을 찾기가 더 용이합니다. 따라서 커뮤니티 빌딩을 통해 뉴스레터를 지속가능하게 운영하고 싶다면, 뉴스레터를 발행하는 사람이 전문성을 가지고 있으면서도, 발행하는 내용이 구독자들에게 충분히 도움이 되도록 해야 합니다. 한마디로, 전문성이 있고 유용한 뉴스레터일수록 오래가기 쉽다는 뜻이죠.

뉴스레터의 성장 속도가 매우 느리다면, 혹시 내가 만드는 콘텐츠가 지나치게 일반적이지는 않은지, 내가 잘 모르는 분야는 아닌지, 사람들에게 도움이 별로 안 되는 내용은 아닌지 스스로 점검해 볼 필요가 있습니다. 버티컬만 확실하게 개선하더라도 사람들을 모으고, 모은 사람들을 더 고관여 독자로 만들기 쉽기 때문입니다.

## 팬덤은 어떻게 운용하고, 수익화할 수 있을까?

충성 구독자의 특성도 파악했고, 확실한 버티컬도 갖췄다고 가정해 보겠습니다. 뉴스레터를 더 성장시키기 위해서는 열심히 구축한 커뮤니티를 어떻게 운용하고, 어떻게 수익화로 연결해야 할까요? 최근 뉴스레터 업계의 관심사는 교육 프로그램과 커머스입니다. 미국의 유명 뉴스레터 〈모닝브루〉의 사례를 봐도 이 경향을 쉽게 알 수 있는데요. 비즈니스와 경제, 기술 소식을 전하는 뉴스레터로 시작한 〈모닝브루〉는 단기간에 수백만 명의 구독자를 끌어모았고, 구독자 락인(lock-in)과 수익화를 위해 다양한 강연 프로그램과 커머스숍을 준비했습니다.

비즈니스 전문 뉴스레터이기에 구독자는 주로 직장인이나 기업가일 텐데요. 매일 아침 뉴스레터를 놓치지 않고 보는 직장인 혹은 기업가들이라면, 당연히 성장하고 싶은 욕구가 매우 높은 사람들이겠죠? 그래서 〈모닝브루〉는 의사소통과 리더십 등 유명 대학의 MBA 프로그램에서 배울 수 있는 다양한 비즈니스 스킬에 대한 강의 프로그램을 준비했습니다. 이런 프로그램은 개인뿐만 아니라 기업에도 판매할 수 있겠죠. 또, 자체적인 커머스를 만들어 직무 혹은 사업과 관련된 다양한 제품들을 판매하고 있습니다. 컴퓨터 프로그램의 단축키가 인쇄된 머그컵부터 팔목받침대가 달린 마우스패드, 〈모닝브루〉로고가 인쇄된 운동복까지, 충성 독자들이 관심을 가질 만한 제품들을 선별해 판매하는 것입니다.

물론 〈모닝브루〉는 이미 수백만 명의 구독자를 보유한 뉴스레터이기에, 이들의 전략을 그대로 따라가기는 쉽지 않습니다. 그래도 간단한 강연이나 세미나, 독자 모임 등은 충분히 시도해 볼 만한데요. 뉴스레터를 발행하는 본인이 전문성을 갖고 이야기할 수 있는 분야가 있다거나 특정 분야의 전문가를 섭외할 수만 있다면, 온라인 웨비나부터 오프라인 세미나, 강연까지 다양한 서비스를 시도할 수 있습니다. 실제로 최근 뉴미디어 스타트업의 성장을 돕는 구독 플랫폼 기업들은 유료 구독 콘텐츠뿐만 아니라 강연, 전자책 등 다양한 상품을 팔 수 있는 창구를 마련해 두고 있죠. 어느 정도 구독자를 확보한 뉴스레터라면 구독자들이 모일 수 있는 서비스 혹은 행사를 준비해 보는 것도 좋습니다. 이를 통해 자연스럽게 수익화까지 추구할 수 있다면 금상첨화일 것입니다.

## 유료 광고,
## 어떻게 시작할까?

뉴스레터는 태생부터 광고를 목적으로 만들어졌습니다. 이메일로 오는 온라인 팸플릿이 뉴스레터의 가장 첫 모습이었는데요. 그래서인지 기업의 마케터들은 아주 자연스럽게 뉴스레터를 하나의 광고매체로 인식합니다. 결국 내 뉴스레터를 각 기업의 마케터에게 알리고, 매력적인 광고 창구임을 어필하는 과정이 필요한데요. 이를 위해서는 차근차근 단계를 밟아갈 필요가 있습니다.

뉴스레터 초기부터 무작정 광고를 노리기보다는, 먼저 협찬과 제휴를 시도하는 것을 추천합니다. 예를 들어, 출판사로부터 책을 몇 권 증정받아 이를 구독자 이벤트 상품으로 활용할 수 있습니다. 또는 기업과 함께 행사를 진행할 수도 있겠죠. 돈이 안 되는 제휴나 협찬을 진행하는 이유는 '레퍼런스를 쌓기 위해서'입니다. 레퍼런스란 광고 사례를 말하는데요. 제휴나 협찬을 진행하면서 광고 효과가 정말 좋다는 데이터를 쌓는 것입니다. 또한 점점 더 규모가 크고 유명한 기업과 제휴하면서 '이 정도 되는 기업들도 우리와 제휴를 진행했다'는 좋은 선례를 만들어야 합니다. 이 사례들이 쌓이고 쌓이면 광고주에게 신뢰를 주게 됩니다.

몇 번의 제휴와 협찬으로 레퍼런스가 쌓였다면 이제는 광고 상품을 만들 차례입니다. 광고 상품을 만들 때는 창작자 여러분의 기획력이 필요한데요. 단순히 상품이나 서비스를 알려주는 콘텐츠를 넘어, 이벤트를 개최하거나 인터뷰 형태의 색다른 콘텐츠를 만드는 등 독자의 이목을 사로잡을 수 있는 광고 콘텐츠가 필요합니다. 당연한 얘기지만, 한 번의 광고를 위해 뉴스레터가 그동안 쌓아온 이미지를 훼손할 필요는 없습니다. 뉴스레터의 분위기 안에서, 독자의 호응을 가장 잘 이끌어낼 수 있는 광고 콘텐츠를 기획하면 됩니다. 마지막으로, 광고가 끝나고 나면 광고 성과를 기업에 공유해야 하는데요. 〈스티비〉에서는 이메일마다 대시보드에서 오픈율과 클릭률 등 자세한 통계를 제공합니다. 이 통계를 바탕으로 광고 성과를 공유하면 되겠습니다.

# 광고매체소개서
# 만들기

　기업으로부터 광고 의뢰 메일을 받으면 종종 '광고매체소개서가 있다면 보내주세요'라는 말을 듣게 됩니다. 광고매체소개서란 여러분 뉴스레터에 대한 소개는 물론, 광고를 게재하는 광고 상품에 대한 정보가 담긴 자료를 의미합니다. 뉴스레터에 대한 소개와 함께, 광고를 집행하기 위한 광고 구좌 및 단가 등에 대한 정보를 알려달라는 뜻입니다.

　기업으로부터 광고 의뢰를 받을 때마다 매번 이메일로 뉴스레터와 광고 상품에 대한 소개를 하는 것보다 광고매체소개서를 만들어 보내는 것이 더 낫겠죠? 광고매체소개서를 만들려면, 우선 기업들이 무엇을 알고 싶어 하는지 제대로 파악할 필요가 있습니다. 이를 바탕으로, 광고매체소개서에 반드시 들어가야 할 내용들을 알려드리겠습니다.

## 뉴스레터 구독자의 특성

　'MZ세대 여성이 주요 구독자다', '사회초년생 직장인이 구독자의 80%를 차지한다'처럼 여러분의 뉴스레터를 구독하는 주요 독자층을 소개해 주세요. 독자를 소개할 때는 보통 성비, 연령대, 관심사 등이 들어갑니다. 다른 광고 채널에 비해 뉴스레터가 가지는 강점은 확실한 독자층입니다. 빵과 관련된 뉴스레터를 구독하는 사람은 굉장히 높은 확률로 '빵에 관심이 많은 사람'이겠죠? 이런 구독자들이 모여 있다는 것이 광고주에게는 굉장히 매력적으로 다가옵니다. 여러분의 구독자들이 어떤 사람들인지, 광고주에게 확실하게 어필하세요.

### 이전 광고 레퍼런스

기업 입장에서는 타깃 고객이 비슷한 기업 또는 유명한 기업이 광고를 집행했다는 사실을 알게 되면 광고 효과가 높을 것이라는 기대가 생깁니다. 게다가 광고 성과가 좋았다면, 더 고민할 필요가 없겠죠. 초기에 제휴와 협찬 등으로 쌓아둔 탄탄한 레퍼런스를 광고매체소개서에 자랑하세요.

### 뉴스레터의 구체적인 지표

뉴스레터의 오픈율은 어느 정도인지, 클릭률은 어느 정도인지, 구독자 수는 얼마나 되는지 알려주면 좋습니다. 광고주 입장에서는 이러한 지표들이 광고를 했을 때 도달 가능한 고객 수가 되기 때문에 해당 지표들을 공유해야 하죠.

### 구체적인 광고 상품과 비용

여러분의 뉴스레터에서 광고는 어디쯤 올라가고, 어떤 형태의 콘텐츠로 진행되며 뉴스레터 외에도 인스타그램이나 유튜브 같은 다른 채널에도 업로드되는지 등 구체적인 광고 상품의 정보를 알려주셔야 합니다. 광고 비용과 관련해서는 광고 집행 비용이 얼마인지, 세금(VAT,

부가가치세) 포함 가격인지, 광고를 여러 번 게재하면 할인 혜택이 있는지 등의 정보가 포함되어야 하죠. 광고주가 다시 물어볼 필요가 없도록 광고 상품을 자세하게 안내해야 합니다.

광고매체소개서의 핵심은 꼭 필요한 정보들과 함께 뉴스레터가 매력적인 구독자를 보유하고 있으며, 많은 구독자에게 광고를 도달시킬 수 있음을 어필하는 것입니다. 우리 뉴스레터를 통해 광고하면 효과가 좋을 것이라고 광고주를 설득하는 문서인 셈이죠.

## 광고,
## 이것만은 지키자

광고주로부터 금전적 대가를 받고 만든 콘텐츠를 담은 뉴스레터는 명백히 '광고성 뉴스레터'입니다. 따라서 제목에 반드시 '(광고)' 표시가 붙어야 합니다. 뉴스레터에 단 0.1%라도 누군가로부터 경제적 대가를 받고 만든 콘텐츠가 포함된다면, 원칙적으로 '(광고)' 표시를 붙여야 하죠. 이 내용은 앞선 챕터에서도 여러 번 강조했으니, 이제는 익숙할 것이라 생각됩니다.

그런데 광고를 수주받아 광고성 콘텐츠가 담긴 뉴스레터를 보내려면 한 가지 더 신경 써야 할 부분이 있습니다. 구독자가 뉴스레터 구독 신청을 할 때, 구독하기 버튼 위에 '광고성 정보 수신 동의'에 반드시

| 이메일 주소* |
| --- |
| |

| 이름* |
| --- |
| |

| 추천인 이메일 |
| --- |
| |

☐ (필수) 개인정보 수집 및 이용에 동의합니다.

☐ (필수) 광고성 정보 수신에 동의합니다.

**구독 신청하기**

'광고성 정보 수신에 동의합니다'에 반드시 체크하도록 설정

체크해야 합니다.

이 버튼을 체크하지 않은 구독자에게는 광고성 정보가 담긴 뉴스레터를 발행해서는 안 됩니다. 그러나 이 버튼을 체크하지 않은 사람을 별도로 관리하기는 불편하기 때문에, 대부분 창작자들은 구독폼을 만들 때 광고성 정보 수신에 필수적으로 동의하도록 설정해 둡니다. 〈스티비〉에서는 주소록의 구독 폼 관리 화면에서 광고성 정보 수신 동의에 관한 설정을 자유롭게 변경할 수 있습니다.

광고는 뉴스레터의 구독자가 증가하고, 대중에게 인지도가 생김에 따라 가장 쉽게 수익화가 가능한 영역이기도 합니다. 인지도가 있다

면 별다른 품을 들이지 않아도 광고가 들어오고, 콘텐츠 기획 경험을 살려 매력적인 광고 콘텐츠를 만들면 되기 때문입니다. 초기 단계라도 뉴스레터 구독자를 많이 늘리겠다는 목표가 있는 창작자라면, 광고 수익까지 고려해 미리 구독폼에서 '광고성 정보 수신 동의'를 받고 여러 기업에 제휴 문의를 넣어 영업을 돌아보는 것도 좋습니다.

## 유료 광고 수익은
## 어느 정도일까?

광고주로부터 광고매체소개서를 보내달라는 요청을 받았다면, 광고 수주까지 절반의 단계를 건너온 것입니다. 그런데 광고주는 광고매체소개서를 보내달라고 요구하면서 동시에 대략적인 광고 단가를 알려달라고 말합니다. 잠깐, 그런데 아직 우리는 광고 단가를 결정하지 않았죠?

너무 터무니없이 비싸게 광고 단가를 부르면 광고주가 최종적으로 광고를 의뢰하지 않을 가능성이 큽니다. 그렇다고 광고를 저렴하게 진행하고 싶진 않죠. 그래서 많은 창작자들이 구독자수에 비례해 어느 정도 광고 단가를 매겨야 하는지 그 수준을 궁금해합니다.

결론부터 말씀드리자면, 사실 광고 단가는 창작자가 정하기 나름입니다. 구독자수가 적더라도 정말 충성도가 높다면 광고 단가를 높게 잡을 수 있고, 반대로 구독자수가 많더라도 광고 단가는 낮을 수 있죠. 그럼에도 대략적인 단가 수준은 정해져 있긴 합니다.

* 아래 단가는 대략적인 단가이며, 구체적인 판단은 창작자 본인이 해야 한다는 것을 다시 한번 말씀드립니다.

### 🫥 구독자 1만 명 이하
당장 광고비를 받고 하는 광고보다는 제휴 형태로 광고를 진행하면서 광고 사례를 만드는 데 집중하는 게 좋습니다.

### 😎 구독자 1만 명-10만 명
50만 원-300만 원

### 🧑‍🤝‍🧑 구독자 10만 명 이상
300만 원 이상

광고 단가는 구독자 충성도, 오픈율, 클릭률, 뉴스레터와 함께 광고가 진행되는 다른 매체, 광고 진행 횟수 등에 따라 굉장히 유동적으로 바뀌게 됩니다. 다른 광고 채널들과 비교해 여러분 뉴스레터의 광고 효율을 측정하고, 그에 맞는 비용을 계산해 보는 것이 좋습니다.

## 텍스트 유료 구독
## 시장의 형성

흔히들 유료로 구독하는 디지털 콘텐츠 서비스가 무엇이 있냐는 질문에 유튜브 프리미엄, 넷플릭스, 왓챠 같은 동영상 OTT 서비스를 먼저 떠올립니다. 돈을 내고 콘텐츠를 구독한다고 하면 동영상 서비스가 굉장히 익숙할 것입니다. 그러나 콘텐츠를 유료로 구독하는 서비스의 시초는 종이 신문 구독이라고 할 수 있습니다. 이미 몇십 년 전부터 우리 어머니, 아버지는 돈을 내고 종이 신문을 구독해서 읽으셨는데요. 돈을 내고 종이 신문을 구독한 것처럼, 뉴스레터도 돈을 내고 구독할

〈BYTE+〉의 미터드 페이월

수는 없을까요? 충분히 가능한 얘기입니다.

　그러나 아쉽게도 우리나라에서는 '텍스트(글)로 된 디지털 콘텐츠를 돈 내고 구독한다'는 개념이 제대로 자리를 잡지 못했습니다. 종이 신문은 돈을 내면 매일매일 실제 신문이 배달되어 오니 구독하는 느낌도 나고 돈을 낼 가치가 있는 것 같기도 합니다. 그러나 코로나19 이후, 디지털로 뉴스를 보고 텍스트 콘텐츠를 소비하는 흐름이 생겨나면서 종이 신문 구독률은 현저히 감소했습니다. 이제 사람들은 인터넷에 있는 어마어마한 정보 속에서, 내가 원하는 정보를 찾아서 보는 데 익숙해졌죠. 귀찮긴 하지만 인터넷 세상을 잘 돌아다니다 보면 정보를 얻을 수 있으니 돈을 내고 종이 신문을 받아볼 필요가 없어진 것입니다.

다행히도, 종이 신문을 구독하던 사람들은 디지털로 옮겨 갔습니다. 해외에서는 코로나19 이후 디지털 신문을 유료로 구독하는 사람들이 급증했는데요. 〈뉴욕타임스〉는 현재 종이 신문과 디지털 신문을 합쳐 1,000만 명이 넘는 구독자를 확보했습니다. 전 세계 신문사 중에서 가장 많은 디지털 유료 구독자를 보유하고 있죠. 디지털로 신문을 보는 흐름은 뉴스레터를 유료로 구독하는 흐름을 만들기도 했습니다. 미국의 뉴스레터 플랫폼인 〈서브스택〉에서 발행되는 유료 뉴스레터를 구독한 구독자는 2021년 11월, 처음으로 100만 명을 넘어섰습니다. 2020년에는 〈서브스택〉에서 유료 뉴스레터를 구독한 사람이 불과 25만 명이었는데 1년 만에 4배나 성장했습니다.

〈뉴욕타임스〉와 〈서브스택〉은 '미터드 페이월(Metered Paywall)'이라는 유료 구독 전략을 구사합니다. 미터드 페이월이란 유료로 구독하지 않은 독자들에게는 정해진 횟수나 분량만큼만 유료 콘텐츠를 공개하고, 이 횟수가 끝나면 방벽이 생겨 더 이상 콘텐츠를 볼 수 없도록 하는 장치입니다. 필자가 운영하고 있는 유료 콘텐츠 구독 서비스 〈BYTE+〉도 미터드 페이월을 적용해서 유료 구독 서비스를 제공하고 있는데요. 매월 일정 횟수 이상 유료 콘텐츠를 보려면 유료 구독을 해야 한다고 알려주는 페이월(Paywall)이 등장해 더 이상 콘텐츠를 볼 수 없도록 막습니다. 구독자 입장에서는 글의 일부를 살펴보고, 더 읽고 싶거나 유료로 구독할 만큼 알찬 콘텐츠가 많다고 생각되면 페이월을 통해 유료 구독을 할 수 있습니다. 콘텐츠 일부를 맛보기로 보여주고 유료 구독으로 전환시키는 일련의 과정이 굉장히 효과적이기 때문에 현재 대부분의 텍스트 콘텐츠 유료 구독 서비스가 미터드 페이월을 사용합니다.

## 우리나라의
## 텍스트 콘텐츠 유료 구독 시장은?

우리나라에서 가장 먼저 유료 구독을 시작한 대표적인 뉴스레터로 〈일간 이슬아〉와 〈썸원의 서머리 앤드 에디트(SUMMARY & EDIT)〉가 있습니다. 이슬아 작가는 2018년, 매월 20편의 글을 구독자의 이메일로 보내주는 유료 구독 서비스 〈일간 이슬아〉를 시작했는데요, 한 달이라는 기간을 정해두고 구독료를 낸 독자에게 20편의 산문을 보내줍니다. 그리고 보냈던 글을 묶어 책으로 출판해 새로 유입된 구독자들이 책을 통해 이전 글들을 볼 수 있게 하죠.

〈썸원의 서머리 앤드 에디트〉도 비슷합니다. 창작자인 썸원(윤성원님)이 일주일간 읽고 본 양질의 아티클을 골라 매주 주말, 뉴스레터로 공유해 주는데요. 이 뉴스레터는 무료입니다. 다만 '썸원 프라임 멤버십'이 있어서 이를 유료로 구독하면 매주 1~2회 스페셜 레터를 추가로 받거나, 플랫폼 자체에서 주최하는 모임이나 이벤트를 할인된 가격에 참여하는 등 각종 혜택을 누릴 수 있습니다. 썸원 프라임 멤버십이 특이한 점은 신청 가능한 구독자 수를 정해뒀다는 점입니다. 썸원 프라임 멤버십은 유료 구독자 수를 미리 한정해 두어서 유료 구독자들이 더욱 소속감을 가지고, 희소성을 느낄 수 있도록 했습니다. 미터드 페이월은 없지만, 썸원 프라임 멤버십의 특이한 전략 덕분에 빠르게 성장할 수 있었습니다. (물론 양질의 콘텐츠가 빠른 성장의 가장 큰 비결입니다.)

〈일간 이슬아〉나 〈썸원의 서머리 앤드 에디트〉는 미터드 페이월을 사용하지 않고 자체적인 시스템으로 유료 구독을 구현했는데요. 우리나라에서 본격적으로 미터드 페이월이 적용된 텍스트 유료 구독 서비스가 등장한 것은 2021년쯤입니다. 네이버에서도 2021년에 창작자들이 텍스트 콘텐츠를 유료로 발행할 수 있도록 돕는 서비스인 '네이버 프리미엄 콘텐츠'를 출시하여, 간단한 인증을 거치면 블로그처럼 각자 페이지를 개설하고, 유료 구독자를 받을 수 있습니다. 네이버 프리미엄 콘텐츠 외에도 〈BYTE+〉를 발행하고 있는 〈블루닷〉 같은 플랫폼에서도 미터드 페이월을 이용해 유료 구독 서비스에 도전할 수 있습니다.

〈스티비〉나 〈메일리〉 같은 뉴스레터 발행 플랫폼에서도 유료 구독 콘텐츠를 제작할 수 있습니다. 〈스티비〉에서는 유료 뉴스레터를 '정기 발행 방식'과 '시즌제 발행 방식'으로 나누어 서비스하고 있는데요. 정기 발행 방식은 유료 뉴스레터를 꾸준히 발행하는 것으로, 대부분 무료 뉴스레터 외에 매주 몇 건의 프리미엄 콘텐츠를 유료 구독자에게 발송합니다. 시즌제 발행 방식은 유료 구독을 신청할 수 있는 기간과, 유료 뉴스레터의 발행 기간이 정해져 있습니다. 앞서 설명드린 〈일간 이슬아〉가 시즌제 발행 방식과 비슷하죠. 〈스티비〉에서 유료 구독에 도전하고 싶다면 홈페이지 상단 메뉴 중 '도움말'에서 '유료 구독'을 클릭하면 상세한 가이드부터 유료 구독 세팅 방법이 나와 있으니 참고하면 되겠습니다.

우리나라에서는 텍스트 콘텐츠나 뉴스레터를 유료로 구독한다는 개념이 해외에 비해 아직 익숙하지는 않습니다. 하지만 유료 구독의 개념이 해외에서 우리나라로 점점 넘어오고 있으므로, 지금부터 뉴스레터의 유료화 흐름에 몸을 맡기고 유료 구독자를 모아두면 본격적으로 유료화가 시작되었을 때 굉장한 경쟁력으로 작용할 것입니다. 구독자들이 돈을 내고 볼 만한, 여러분만의 특색 있고 알찬 콘텐츠가 있다면, 주저하지 말고 지금 바로 유료 구독에 도전해 보면 어떨까요?

지금까지 뉴스레터를 통해 수익을 만드는 유료화 전략에 대해 소개했는데요. 대표적으로 커뮤니티 구축, 광고 수주, 유료 구독과 같은 멤버십을 만드는 방법이 있었습니다. 그런데 뉴스레터를 통해 수익을 내고자 할 때 그 무엇보다 먼저 신경 써야 하는 핵심 명제가 있습니다. '뉴스레터의 최고 재산은 구독자'라는 사실입니다.

## 구독자를 이해해야
## 수익화가 보인다

구독자가 재산이라는 것은 그냥 하는 말이 아닙니다. 단순히 구독자를 소중히 생각하고, 관심을 가지다 보면 저절로 수익화가 이루어지는 것은 아니기 때문이죠. 재산을 가만히 놔두면 줄어들기 마련입니다. 재산을 늘리려면 여기저기 알아보며 투자해야 하죠. 마찬가지로 구독자도 제대로 이해하여 수익을 창출을 위한 최적의 방법을 찾아야 합니다.

예를 들어볼까요? 고등학생 구독자를 많이 보유한 뉴스레터가 있다고 합시다. 이 뉴스레터를 운영하는 창작자는 수익화를 위해 고등학생들이 모이는 커뮤니티를 만들거나, 고등학생의 최대 관심사인 입시와 관련된 서비스를 출시할 수 있습니다. 이미 고등학생 뉴스레터 구독자가 많기 때문에, 서비스를 출시하면 손쉽게 초기 고객을 확보할 수 있겠죠? 마찬가지로 주식 투자와 관련된 뉴스레터는 주식 투자자들이 필요로 하는 무언가를 만들고, 특정 산업에 종사하는 구독자가 많은 뉴스레터는 해당 산업과 시너지를 낼 수 있는 수익화 방안을 찾을 수 있을 것입니다. 핵심은 구독자를 이해하고, 그들이 필요로 하는 것에 집중하면 비교적 성공 가능성이 높은 수익화 방안을 찾을 수 있다는 것입니다.

단순히 구독자를 많이 모으는 것도 수익화 기회를 만드는 좋은 전략입니다. 구독자 수가 많아지면 아무래도 여러분의 뉴스레터에 관심을 가지는 기업들도 많아지고, 여러 가지 기회가 자연스럽게 찾아옵니다. 하지만 구독자 수가 많다고 해서 무조건 뉴스레터 창작자가 먹고

살 만큼의 수익을 벌어들일 수 있는 것은 아닙니다. 업계에서는 보통 뉴스레터를 유료로 발행하는 경우 돈을 내고 이를 구독할 만큼 진심인 팬을 1,000명 정도 보유하고 있다면 충분히 먹고살 만큼의 돈을 벌 수 있다고 추정합니다. 그런데 해외 통계에 따르면 무료 뉴스레터에서 유료 뉴스레터로 전환하는 구독자의 비율은 1~5% 정도입니다. 1,000명의 유료 구독자를 모으려면 10만 명이나 되는 무료 뉴스레터 구독자를 모아야 한다는 계산이 나옵니다. 뉴스레터 구독자를 10만 명 모으는 것은 굉장히 어려운 일입니다. 그래서 앞서 말씀드린 것처럼 핵심 구독자층 공략을 추천합니다. 수익화에 있어서는 충성도가 높은 구독자 1,000명이 불특정 다수의 구독자 10만 명보다 도움이 되기 때문입니다. 반드시 내 뉴스레터의 핵심 구독자층을 잘 찾아보기 바랍니다.

마지막으로, 구독자가 수익화에 기여하는 재미있는 사례를 하나 더 소개하려 합니다. B2B라는 용어를 아시나요? B2B는 Business to Business의 약자로 기업 간 비즈니스를 의미하는데요, 뉴스레터 창작자에게 B2B는 특정 기업으로부터 수익을 내는 비즈니스를 뜻합니다. 구독자로부터 유료 구독료를 받는 것은 B2C(Business to Customer) 비즈니스이고, 기업과 제휴를 통해 수익을 내는 것을 B2B라고 하죠. B2B는 회사를 상대해야 하기 때문에, 해당 회사의 실무진에게 내 뉴스레터가 알려지는 것이 가장 첫 단계입니다. 그런데 만약 해당 회사에 근무하고 있는 실무자가 내 뉴스레터의 구독자라면? B2B 비즈니스를 통한 수익 창출 기회를 잡기가 굉장히 수월해집니다. 가능성이 희박한 얘기 같지만 실제로 구독자를 매개로 B2B 비즈니스의 활로가 뚫리는 경우를 심심찮게 찾아볼 수 있습니다. 주식 뉴스레터를 예로 들면, 구독자 중에는 증권사에 근무하는 애널리스트가 있을 수 있겠죠? 뉴스레터가 다루는 주제에 관심 있는 사람이라면, 해당 분야의 회사에 근무할 가능성이 높다는 뜻입니다. 구독자 한 명으로부터 이렇게 좋은 기회가 올 수 있다니, 왜 구독자가 최고의 재산인지 이제 확실히 와닿을 겁니다.

## 구독자 중심의
## 뉴스레터가 되자

지금까지 수익화에 대해 설명했는데요. 수익화를 고려하지 않더라도, 모든 뉴스레터는 구독자를 먼저 생각해야 합니다. 뉴스레터를 발행해도 독자가 없으면 그 뉴스레터는 오래 지속되기 어렵습니다. 구독자가 있기에 뉴스레터가 존재하는 것이죠. 앞으로 어떤 주제로 콘텐츠를 쓸지 고민도 굉장히 자주 하게 될 것이고, 열심히 하는데 생각만큼 구독자가 늘지 않아 답답한 마음이 생길 수도 있습니다. 그럴 때는 내 뉴스레터를 열심히 읽어주는 구독자들을 다시 한번 돌아보기 바랍니다. 뉴스레터를 만드는 창작자들이 하는 고민에 대한 답은 항상 '구독자'에게 있습니다. 구독자와 함께 호흡하는, 행복한 뉴스레터 창작자가 되길 응원하겠습니다.

# 크리에이터를 위한 뉴스레터 발행의 모든것

**초판 1쇄 인쇄** 2022년 9월 9일
**초판 1쇄 발행** 2022년 9월 19일

**지은이** 김태헌
**펴낸이** 이범상
**펴낸곳** (주)비전비엔피 · 비전코리아

**기획 편집** 이경원 차재호 김승희 김연희 고연경 박성아 최유진 김태은 박승연 이정주
**디자인** 최원영 한우리
**마케팅** 이성호 이병준
**전자책** 김성화 김희정
**관리** 이다정

**주소** 우)04034 서울특별시 마포구 잔다리로7길 12 (서교동)
**전화** 02) 338-2411 | **팩스** 02) 338-2413
**홈페이지** www.visionbp.co.kr
**이메일** visioncorea@naver.com
**원고투고** editor@visionbp.co.kr
**인스타그램** www.instagram.com/visionbnp
**포스트** post.naver.com/visioncorea

**등록번호** 제313-2005-224호

**ISBN** 978-89-6322-192-2 13190

- 값은 뒤표지에 있습니다.
- 잘못된 책은 구입하신 서점에서 바꿔드립니다.

도서에 대한 소식과 콘텐츠를
받아보고 싶으신가요?